DÉS DE LA DESTINÉE

Le Livre de la destinée

Les Jeux Ludex inc.

CE JEU CONTIENT

1. Un livre : Le Livre de la destinée

Ce livre permet de prévoir l'avenir et de comprendre les dimensions cachées d'une situation.

Le **Livre de la destinée** se compose comme suit :

- 8 Domaines que l'on peut trouver avec le premier Dé tiré;
- 64 Maisons que l'on peut trouver avec le deuxième Dé tiré;
- 512 Chambres que l'on peut trouver avec le troisième Dé tiré.

2. Quatre (4) Dés à huit (8) faces numérotés de 1 à 8

Chaque dé représente un élément :

Le Dé **clair**   :   l'**air**
Le Dé **bleu**   :   l'**eau**
Le Dé **rouge**   :   le **feu**
Le Dé **brun**   :   la **terre**

3. Des fiches

Dans ces fiches à la fin du volume, on note en résumé les données recueillies dans le *Livre de la destinée*.

ATTENTION

Etant donné que le jeu a été conçu sur la base des chiffres 1 à 8
- les dés ont huit faces;
- il n'y a pas de domaine, de maison ni de chambre portant les chiffres 9 et 0.
  Ex. : pas de page 10, 19, 20, 29, 30, etc...

EXEMPLE D'UNE FICHE REMPLIE

NOM: _____

	1er Dé Date de naissance	2e Dé Date d'aujourd'hui	3e Dé Élément complémentaire	Total des Étoiles
Date	10 mai	15 juin	---	---
Signe	Taureau	Gémeaux	---	---
Élément	Terre	Air	Feu	---
Couleur	Brun	Clair	Rouge	---
Numéro du Dé	7	8	5	---
Nombre d'Étoiles obtenues	5	3	2	10

Roue de la Destinée

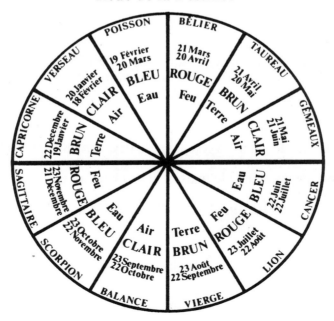

LE TABLEAU ASTROLOGIQUE DES ÉLÉMENTS

Date	Signe	Symbole	Élément	Élément complémentaire
21 mars - 20 avril	Bélier	♈	Feu (rouge)	Air (clair)
21 avril - 20 mai	Taureau	♉	Terre (brun)	Eau (bleu)
21 mai - 21 juin	Gémeaux	♊	Air (clair)	Feu (rouge)
22 juin-22 juillet	Cancer	♋	Eau (bleu)	Terre (brun)
23 juillet-22 août	Lion	♌	Feu (rouge)	Air (clair)
23 août-22 septembre	Vierge	♍	Terre (brun)	Eau (bleu)
23 septembre-22 octobre	Balance	♎	Air (clair)	Feu (rouge)
23 octobre- 22 novembre	Scorpion	♏	Eau (bleu)	Terre (brun)
23 novembre-21 décembre	Sagittaire	♐	Feu (rouge)	Air (clair)
22 décembre-19 janvier	Capricorne	♑	Terre (brun)	Eau (bleu)
20 janvier-18 février	Verseau	♒	Air (clair)	Feu (rouge)
19 février-20 mars	Poissons	♓	Eau (bleu)	Terre (brun)

INSTRUCTIONS

Premier Dé à jouer

Pour découvrir la dimension personnelle de votre Destin.

1.1 Inscrire votre date de naissance sur la fiche. Ex. : 10 mai

1.2 Trouver et inscrire votre signe du zodiaque *. Ex. : Taureau

1.3 Trouver et inscrire l'élément correspondant à votre signe *.
Ex. : Terre

1.4 Trouver et inscrire la couleur de cet élément *. Ex. : Brun

1.5 Tirer le Dé ayant la couleur de cet élément. Ex. : Dé brun

1.6 Inscrire le numéro obtenu. Ex. : 7

1.7 Lire la page ayant le numéro du Dé. Cette page décrit les dimensions personnelles de votre Destin. Ex. : page 7 - Perfection

1.8 Trouver, à côté du titre, le nombre d'étoiles obtenues, s'il y en a, et inscrire ce nombre. Ex. : 5 étoiles

Second Dé à jouer

Pour découvrir les influences actuelles du Destin.

2.1 Inscrire la date d'aujourd'hui sur la fiche. Ex. : 15 juin.

2.2 Trouver et inscrire le signe astrologique pour la période actuelle *. Ex. : Gémeaux

2.3 Trouver et inscrire l'élément de la période actuelle *.
Ex. : Air

2.4 Trouver et inscrire la couleur de cet élément,*. Ex. : Clair

* Voir *Roue de la Destinée*, page IV.

2.5 Tirer le Dé ayant la couleur de cet élément *. Ex. : Dé clair

2.6 Inscrire le numéro obtenu. Ex. : 8

2.7 Lire la page dont le numéro correspond aux chiffres des deux premiers Dés. Cette page décrit les influences actuelles de votre Destin. Ex. : 7 8 - Aventure

2.8 Trouver, à côté du titre, le nombre d'étoiles obtenues, s'il y en a, et inscrire ce nombre. Ex. : 3 étoiles

Troisième Dé à jouer

Pour découvrir les influences complémentaires de votre Destin.

3.1 Trouver et inscrire l'élément complémentaire du signe de la période actuelle *. Ex. : Feu.

3.2 Trouver et inscrire la couleur de cet élément.* Ex. : Rouge

3.3 Tirer le Dé ayant la couleur de cet élément. Ex. : Dé rouge

3.4 Inscrire le numéro obtenu. Ex. : 5

3.5 Lire la page dont le numéro correspond aux chiffres des trois Dés. Cette page décrit les influences complémentaires de votre Destin. Ex. : 7 8 5 - Affection

3.6 Trouver, à côté du titre, le nombre d'étoiles obtenues, s'il y en a, et inscrire ce nombre. Ex. : 2 ☆

ÉTOILES

4. Additionner les étoiles obtenues. Consulter le **Tableau des Étoiles** pour connaître votre chance. Voir dans les pages intérieures de la couverture du livre. Ex. : 10 ☆

VERSION ABRÉGÉE

Pour jouer la version abrégée du jeu, voir *Votre Dé et la Chance*, page XIII.

* Voir *Roue de la Destinée*, page IV.

INTRODUCTION AUX DÉS DE LA DESTINÉE

Découvrez les traces de votre futur grâce aux *Dés de la destinée*. Quelle attitude adopter? Qu'attendre du Destin? Que faire? Chaque jour, les *Dés de la destinée* vous permettent de trouver une dimension cachée de vous-même et de votre avenir. Chaque jour, vous pouvez entrevoir ce que la vie vous réserve, comment vous devez réagir aux événements qui se présentent, quelles sont vos motivations les plus secrètes. Les *Dés de la destinée* vous permettent de connaître les forces qui se conjuguent dans votre vie et dans celle de vos proches.

Quel est le rôle des Dés?

En révélant les forces en présence, les *Dés de la destinée* aident à changer, dans une certaine mesure, le cours des événements. Lorsque l'on comprend mieux la situation, il est plus facile de la modifier. C'est en ce sens que les *Dés de la destinée* sont les dés du changement. Représentant les quatre (4) éléments essentiels : le feu, la terre, l'air et l'eau, ils évoquent les grandes lignes de force qui gouvernent l'univers aussi bien que les comportements individuels. Les Anciens expliquaient l'origine de tout ce qui existe par le mélange de ces quatre (4) éléments. Chaque personne est davantage marquée par l'un ou l'autre de ces éléments.

Le premier Dé du Destin vous livre la dimension personnelle de votre situation. Il renvoie aux **Domaines** dans le Livre de la destinée.

Ainsi, par exemple, une personne née au début du mois de mars est d'abord marquée par l'élément **eau** *auquel correspond le* **dé bleu**.

Le deuxième Dé tiré précise les influences actuelles du Destin et fournit des conseils qui permettent d'adopter la meilleure attitude dans les circonstances. Il renvoie aux **Maisons** dans le Livre de la destinée.

Ainsi, lorsque le **Livre de la destinée** *est consulté au milieu du mois d'août, l'élément dominant est le feu, ce qui oblige à utiliser, en deuxième lieu, le* **Dé rouge** *représentant le feu.*

Le troisième Dé tiré est associé à l'élément inverse de l'élément de la période actuelle. Par ce Dé, des informations complémentaires et parfois opposées peuvent être révélées. Ce Dé renvoie aux **Chambres** dans le Livre de la destinée.

*Ainsi, à la mi-août (élément feu - Dé rouge), le troisième Dé sera le **Dé clair** qui représente l'élément air.*

Les *Dés de la destinée* relient ainsi les quatre (4) éléments fondamentaux à la destinée de chacun qu'il est maintenant possible de préciser tous les jours. Chaque connaissance d'un événement modifie les attitudes et les attentes. L'anticipation d'un déménagement, la découverte d'un nouvel amour, l'annonce d'une épreuve, la perspective d'une promotion sont autant de prévisions d'avenir qui influencent les comportements et, en ce sens, produisent des changements parfois majeurs. C'est pour cette raison qu'il est utile de connaître chaque jour l'état de la situation.

Comment découvrir le destin des autres?

Pour les mêmes raisons, il est souvent utile de connaître le destin d'une personne de l'entourage, qu'il s'agisse d'un collègue, d'un conjoint, d'un ami. Et il est possible de tirer les *Dés de la destinée* pour cette personne, même en son absence. Il faut alors, en premier lieu, tirer le Dé qui correspond à l'élément de cette personne. Vous pourrez ainsi, à distance, prévoir des réactions et comprendre certaines attitudes, anticiper certains changements.

Les *Dés de la destinée* ne révèlent cependant pas avec autant d'exactitude les traces de l'avenir d'une personne absente. Les forces de l'élément propre à la personne qui tire peuvent, dans certains cas, interférer avec les forces de l'individu au nom duquel les Dés sont jetés. Les interprétations devront donc être nuancées.

Quel est le sens des étoiles?

Les *Dés de la destinée* permettent de découvrir les forces dominantes et les traces du futur mais aussi d'évaluer le degré de chance que présente une situation. Par une courte comptabilité des étoiles accumulées dans le Domaine, la Maison et la Chambre que vous avez tirés, il vous est possible de savoir si la chance favorise beaucoup ou peu la situation. La somme des étoiles obtenues renvoie au *Tableau des Étoiles* que vous pouvez consulter dans les pages intérieures de la couverture du livre.

Quelle est l'utilité de ce jeu?

1. Ce jeu sert principalement à **éclairer une situation**, à prendre conscience des forces qui déterminent la destinée de la personne qui consulte, quelles que soient les circonstances de sa vie. On est ici en possession d'un instrument facilement utilisable, aisément transportable et étonnamment efficace. On peut s'en servir à n'importe quel moment, pour soi-même comme pour les autres. Ainsi, on devient son propre devin et interprète. Par ailleurs, l'utilisation d'un texte déjà écrit évite les interprétations trop subjectives.

2. Ce jeu sert aussi à **prédire l'avenir**, c'est-à-dire à indiquer les tendances qui se font jour en ce moment d'une façon secrète et qui se manifesteront dans le futur. Il permet de savoir quels événements affecteront l'individu quelle que soit la période de sa vie. Avant de tirer les dés, il est possible de déterminer mentalement ou par écrit une période précise de temps qu'on veut mieux connaître : telle heure, tel jour, telle semaine, tel mois.

3. On peut l'utiliser également comme jeu de société. C'est une sorte de **jeu de la vérité** où les tendances cachées de chacun sont révélées au grand plaisir de tous les participants.

4. Ce jeu est surtout utile en privé. Il est un instrument précieux pour réfléchir à un problème, pour **mieux se connaître**, pour révéler les influences qui jouent dans une situation, pour mieux connaître les autres et communiquer avec eux. Ainsi, on peut consulter le *Livre de la destinée* autant pour soi-même que pour ses amis, adversaires, associés, et cela, même en leur absence (le premier Dé tiré doit alors correspondre à l'élément de cette personne). Le jeu peut en outre devenir l'occasion d'alimenter un journal personnel car on peut le consulter quotidiennement.

5. Les personnes les plus habituées découvriront avec intérêt qu'elles peuvent même obtenir une **réponse précise à une question**. Mais ce procédé demande une certaine compétence qui vient avec la pratique et la capacité d'interpréter intuitivement les données. Il est important alors de ne pas poser de questions qui commandent un simple oui ou non car les réponses seraient trop vagues. Il faut poser une question plus complète du type : « Je veux réfléchir à tel problème. Que peut me dire le *Livre de la destinée* à ce sujet?» ou encore : « Quelles sont les circonstances qui entourent telle situation ?» ou « Comment puis-je m'y prendre pour régler tel problème ?», etc.

Cependant, les débutants n'ont qu'à tirer les dés sans penser à une question spécifique. Ils découvriront avec surprise que les vraies préoccupations et les réponses adéquates se révéleront spontanément et avec exactitude.

6. Le jeu les *Dés de la destinée* peut aussi être joué en **version abrégée.** Il révèle alors directement le degré de chance relié à une situation ou à un état. Pour jouer la version abrégée du jeu voir *Votre Dé et la Chance* et la Table correspondante pages XIII-XV.

Quelles sont les sources de ce jeu?

Ce jeu repose sur des disciplines anciennes et modernes, des connaissances psychologiques et philosophiques d'origine occidentale et orientale. Entre autres, il puise son inspiration aux sources suivantes :

• le jeu de Tarot;
• la numérologie et la Kabbale;
• le *I King* ou livre chinois des transformations;
• l'astrologie de diverses traditions;
• la littérature ésotérique bouddhiste, hindouiste et taoïste;
• la psychologie occidentale, en particulier: Freud, Jung, la gestalt, la psychologie transpersonnelle, la bio-énergie et la psychosynthèse;
• de nombreux philosophes et maîtres spirituels anciens et modernes.

Pourquoi ce jeu fonctionne-t-il?

Vous serez étonné, comme des milliers de personnes, de constater que le jeu les *Dés de la destinée* décrit avec une exactitude surprenante la vérité d'une situation. C'est que ce jeu fait appel à un principe de psychologie supérieure. Chaque être est doté d'une faculté de connaissance très vaste qu'on appelle le supra-conscient. Notre pensée ordinaire ne communique pas facilement avec cette sphère supérieure. Pour qu'elle y arrive, il faut donner à la pensée consciente habituelle des images et des symboles qui permettent à la conscience supérieure de s'exprimer dans un langage abordable. Ainsi, chaque consultation permet mystérieusement de connaître les réponses à un problème parce que le *Livre de la destinée* fournit des indices et des images pour alimenter cette supra-conscience, ouvrant ainsi des horizons insoupçonnés.

Ce jeu doit être utilisé avec souplesse et imagination. Tous les détails du texte peuvent offrir des indications précieuses sur l'état de l'évolution actuelle de la personne. Un nom d'animal ou d'objet, un jour de la semaine, un chiffre, une image ou une phrase peuvent déclencher des réactions, des impressions ou des idées. Il suffit d'être attentif à tout le processus du jeu. On peut alors en faire un instrument utile de connaissance. Il ne s'agit pas de tout interpréter littéralement mais de choisir et de sentir ce qui convient le mieux à la situation en question.

Votre Dé et la Chance
(version abrégée du jeu)

Le jeu les *Dés de la destinée* peut aussi servir à connaître directement le degré de chance relié à une situation ou à un état. On doit alors procéder ainsi:

1. Déterminer une question;
2. Tirer trois (3) fois le Dé correspondant à votre signe (voir Roue du Destin p.IV); Exemple : Poissons = Dé bleu
3. Noter les 3 chiffres obtenus :,Exemple : 1er coup : 1; 2e coup : 5; 3e coup : 7. Le chiffre obtenu est : 157.
4. Trouver ce chiffre (157) dans la Table qui suit et noter le nombre d'étoiles correspondant à ce chiffre.Le chiffre 157 = 8 ☆
5. Consulter le *Tableau des Étoiles* pour trouver votre chance (page intérieure de la couverture).

Table de la Chance

111 = 11	121 = 6	131 = 11	141 = 10	151 = 7
112 = 8	122 = 7	132 = 12	142 = 9	152 = 8
113 = 10	123 = 8	133 = 10	143 = 9	153 = 6
114 = 9	124 = 9	134 = 9	144 = 12	154 = 5
115 = 11	125 = 7	135 = 13	145 = 9	155 = 7
116 = 7	126 = 9	136 = 10	146 = 7	156 = 7
117 = 12	127 = 10	137 = 14	147 = 8	157 = 8
118 = 9	128 = 9	138 = 11	148 = 10	158 = 10

161 = 7	171 = 9	181 = 13	211 = 11	221 = 4
162 = 6	172 = 10	182 = 12	212 = 9	222 = 6
163 = 5	173 = 8	183 = 10	213 = 8	223 = 5
164 = 4	174 = 12	184 = 14	214 = 8	224 = 2
165 = 6	175 = 13	185 = 13	215 = 11	225 = 7
166 = 5	176 = 10	186 = 9	216 = 7	226 = 3
167 = 8	177 = 11	187 = 14	217 = 11	227 = 6
168 = 9	178 = 11	188 = 11	218 = 8	228 = 3

231 = 8	241 = 2	251 = 8	261 = 7	271 = 6
232 = 6	242 = 3	252 = 5	262 = 6	272 = 4
233 = 6	243 = 5	253 = 8	263 = 6	273 = 3
234 = 7	244 = 4	254 = 7	264 = 8	274 = 6
235 = 5	245 = 3	255 = 8	265 = 4	275 = 8
236 = 5	246 = 1	256 = 7	266 = 5	276 = 5
237 = 9	247 = 6	257 = 10	267 = 9	277 = 7
238 = 8	248 = 2	258 = 9	268 = 7	278 = 4

281 = 7	311 = 4	321 = 7	331 = 7	341 = 9
282 = 5	312 = 9	322 = 9	332 = 9	342 = 11
283 = 6	313 = 5	323 = 8	333 = 12	343 = 10
284 = 4	314 = 6	324 = 10	334 = 10	344 = 11
285 = 10	315 = 7	325 = 10	335 = 8	345 = 12
286 = 6	316 = 5	326 = 7	336 = 8	346 = 10
287 = 10	317 = 8	327 = 11	337 = 11	347 = 13
288 = 7	318 = 5	328 = 6	338 = 9	348 = 10

351 = 8	361 = 5	371 = 10	381 = 10	411 = 9
352 = 7	362 = 5	372 = 8	382 = 9	412 = 8
353 = 8	363 = 7	373 = 9	383 = 6	413 = 8
354 = 11	364 = 3	374 = 8	384 = 7	414 = 7
355 = 8	365 = 5	375 = 8	385 = 7	415 = 10
356 = 9	366 = 7	376 = 6	386 = 9	416 = 6
357 = 10	367 = 4	377 = 11	387 = 11	417 = 11
358 = 12	368 = 6	378 = 7	388 = 8	418 = 9

421 = 9	431 = 8	441 = 7	451 = 7	461 = 6
422 = 7	432 = 6	442 = 7	452 = 9	462 = 9
423 = 6	433 = 9	443 = 6	453 = 9	463 = 8
424 = 4	434 = 7	444 = 10	454 = 8	464 = 8
425 = 5	435 = 8	445 = 8	455 = 10	465 = 6
426 = 6	436 = 7	446 = 7	456 = 6	466 = 7
427 = 8	437 = 10	447 = 10	457 = 11	467 = 10
428 = 6	438 = 11	448 = 5	458 = 8	468 = 5

471 = 8	481 = 7	511 = 8	521 = 7	531 = 5
472 = 9	482 = 8	512 = 8	522 = 8	532 = 8
473 = 11	483 = 9	513 = 7	523 = 7	533 = 9
474 = 12	484 = 7	514 = 8	524 = 6	534 = 7
475 = 10	485 = 6	515 = 6	525 = 9	535 = 6
476 = 11	486 = 5	516 = 11	526 = 5	536 = 6
477 = 13	487 = 10	517 = 10	527 = 10	537 = 9
478 = 9	488 = 6	518 = 9	528 = 7	538 = 10

541 = 6	551 = 12	561 = 8	571 = 4	581 = 10
542 = 11	552 = 9	562 = 6	572 = 3	582 = 10
543 = 10	553 = 8	563 = 9	573 = 6	583 = 11
544 = 9	554 = 7	564 = 7	574 = 8	584 = 8
545 = 8	555 = 12	565 = 11	575 = 5	585 = 12
546 = 8	556 = 8	566 = 9	576 = 4	586 = 12
547 = 9	557 = 11	567 = 10	577 = 7	587 = 13
548 = 7	558 = 10	568 = 7	578 = 4	588 = 12

611 = 6	621 = 4	631 = 6	641 = 5	651 = 8
612 = 4	622 = 1	632 = 4	642 = 2	652 = 6
613 = 7	623 = 2	633 = 8	643 = 4	653 = 9
614 = 9	624 = 3	634 = 6	644 = 5	654 = 8
615 = 6	625 = 4	635 = 7	645 = 3	655 = 8
616 = 5	626 = 2	636 = 6	646 = 6	656 = 5
617 = 8	627 = 4	637 = 9	647 = 7	657 = 10
618 = 5	628 = 5	638 = 5	648 = 3	658 = 7

661 = 2	671 = 2	681 = 3	711 = 8	721 = 13
662 = 5	672 = 3	682 = 1	712 = 12	722 = 10
663 = 6	673 = 5	683 = 3	713 = 11	723 = 12
664 = 5	674 = 3	684 = 2	714 = 12	724 = 10
665 = 4	675 = 1	685 = 0	715 = 9	725 = 13
666 = 2	676 = 3	686 = 0	716 = 9	726 = 11
667 = 4	677 = 6	687 = 5	717 = 10	727 = 14
668 = 6	678 = 3	688 = 4	718 = 13	728 = 9

731 = 12	741 = 12	751 = 9	761 = 10	771 = 13
732 = 9	742 = 13	752 = 8	762 = 10	772 = 14
733 = 11	743 = 11	753 = 8	763 = 11	773 = 13
734 = 11	744 = 12	754 = 10	764 = 10	774 = 15
735 = 10	745 = 14	755 = 11	765 = 10	775 = 14
736 = 8	746 = 10	756 = 12	766 = 7	776 = 14
737 = 13	747 = 14	757 = 7	767 = 12	777 = 15
738 = 9	748 = 15	758 = 10	768 = 8	778 = 12

781 = 10	811 = 12	821 = 9	831 = 10	841 = 10
782 = 10	812 = 7	822 = 7	832 = 9	842 = 8
783 = 11	813 = 9	823 = 10	833 = 10	843 = 9
784 = 11	814 = 10	824 = 11	834 = 7	844 = 7
785 = 10	815 = 10	825 = 10	835 = 10	845 = 8
786 = 12	816 = 10	826 = 8	836 = 9	846 = 7
787 = 13	817 = 12	827 = 12	837 = 12	847 = 11
788 = 11	818 = 8	828 = 9	838 = 8	848 = 9

851 = 12	861 = 8	871 = 11	881 = 11
852 = 11	862 = 5	872 = 9	882 = 8
853 = 12	863 = 6	873 = 8	883 = 11
854 = 10	864 = 6	874 = 10	884 = 12
855 = 12	865 = 4	875 = 13	885 = 11
856 = 9	866 = 6	876 = 10	886 = 7
857 = 14	867 = 9	877 = 12	887 = 11
858 = 13	868 = 7	878 = 9	888 = 13

DOMAINES 1 à 8

Premier Dé à jouer

CRÉATION 1 CRÉATION ☆☆☆☆

PÉRIODE DU JOUR : matin
FACULTÉ : perception
DIRECTION : est
JOUR DE LA SEMAINE : lundi
ANIMAL : castor
OBJET : pinceau

SIGNIFICATION DU DOMAINE DE LA CRÉATION

Quand on est dans ce domaine, on est intéressé par ce qui prend un départ, par l'idée de commencement.

Quelque chose est appelé à prendre naissance: une idée, un projet, une amitié, une affaire, une décision importante.

Voici le temps de prendre une initiative par un geste de la volonté. Vous vous mettrez ainsi en position d'invention et de créativité.

Vous constatez peut-être que des lois invisibles gouvernent l'univers et que le Destin ne se laisse pas facilement orienter.

Vous pouvez espérer une évolution de la situation dans le sens souhaité.

Ce domaine concerne aussi la création artistique, la forme des choses.

La situation ne fait que commencer. Il faut donc laisser le temps faire son travail.

INCONNU 2 INCONNU ☆

PÉRIODE DU JOUR : nuit
FACULTÉ : émotion
DIRECTION : sud
JOUR DE LA SEMAINE : mardi
ANIMAL : taupe
OBJET : caverne

SIGNIFICATION DU DOMAINE DE L'INCONNU

Quand on entre dans le domaine de l'*inconnu*, il est question de l'énigme des choses cachées.

Dans ce domaine, tout indique que certains éléments vous échappent, ce qui explique que vous ne compreniez pas toute la situation.

On se trouve devant un secret, une situation profonde incomprise: émotion refoulée, rêve mystérieux, ennemi caché.

On est dans le domaine de l'inconscient, de ce qui est fermé, trouble, confus, instinctif, animal.

Vous vous sentirez habité par des forces insondables, mystérieuses, incompréhensibles.

Vous aurez le sentiment que quelque chose va se révéler. Un événement va se produire. Une situation nouvelle est en gestation.

Vous ne pourrez plus vous fier à vos connaissances habituelles.

Une force d'attraction est en jeu. Vous serez attiré par quelque chose ou alors vous attirerez les autres vers vous.

MOUVEMENT 3 MOUVEMENT ☆☆☆

PÉRIODE DU JOUR : midi
FACULTÉ : raison
SAISON : printemps
JOUR DE LA SEMAINE : mercredi
ANIMAL : léopard
OBJET : roue

SIGNIFICATION DU DOMAINE DU MOUVEMENT

Quand on entre dans le domaine du *mouvement*, on est certain que les choses vont se précipiter. Beaucoup d'événements refont surface.

Dans ce domaine, on est préoccupé par l'action, les projets, les buts à atteindre, les décisions, les engagements.

Le changement traverse ce domaine. On prend conscience de l'usure du temps. La situation va nécessairement évoluer.

C'est en plus le domaine des idées, de la conscience, de la connaissance et de la compréhension soudaine.

Ce domaine implique que la situation se transforme, qu'elle ne restera pas statique et qu'il est nécessaire d'agir.

Ce domaine est celui de la femme. Il se peut qu'une femme joue un rôle prépondérant ici.

Ce n'est pas le temps de vous retirer, ni de vous arrêter ni d'hésiter. Les choses et les événements vont se multiplier et s'accélérer.

ORDRE   4   ORDRE   ☆☆

PÉRIODE DU JOUR : soir
FACULTÉ : réflexion
SAISON : automne
JOUR DE LA SEMAINE : jeudi
ANIMAL : abeille
OBJET : calendrier

SIGNIFICATION DU DOMAINE DE L'ORDRE

Quand on se trouve dans le domaine de l'*ordre*, on est préoccupé par l'organisation, la mise en chantier, la structuration des cho-ses.

Il est question ici de créer des formes, de concrétiser une idée, de continuer un projet, de trouver les moyens pour atteindre un but.

On est dans le domaine pratique et matériel. On peut s'attendre à ce qu'il y ait quelque chose à construire, à fonder.

Le domaine de l'*ordre* se réfère aussi aux questions d'autorité, de commandement, de distribution des rôles, de règlements.

Mais il s'agit aussi de mettre de l'*ordre* dans les idées, de les structurer, d'organiser la pensée.

Il faut observer l'aspect concret d'un problème, se concentrer sur son caractère terre à terre.

Voici le domaine de la masculinité. Il se peut qu'un homme joue un rôle prépondérant.

La situation en question pourrait se référer à un problème légal, juridique. On devra possiblement s'en remettre à un juge.

PÉRIODE DU JOUR : après-midi
FACULTÉ : amour
SAISON : été
JOUR DE LA SEMAINE : vendredi
ANIMAL : pigeon
OBJET : table

SIGNIFICATION DU DOMAINE DU CONTACT

Dans le domaine du *contact*, on est préoccupé par les problèmes de communication, de vie sociale, de fraternité humaine.

Dans ce domaine, il est aussi question de créer une communauté ou de former un groupe, d'unifier des gens dans un climat de collaboration et de confiance.

Le *contact* dont il est question touche l'amitié, l'amour, l'attraction sexuelle, la vie sentimentale et affective, le mariage.

Le domaine du *contact* se réfère à l'harmonisation des contraires, au règlement des conflits. Vous aurez à faire un effort en ce sens.

Il se pourrait également que votre question soit en rapport avec la recherche d'un principe d'amour.

L'élément qui caractérise le *contact* est l'air. Il symbolise le milieu, le climat de communication, l'environnement, la circulation d'informations.

La solution d'un problème se trouvera dans l'ouverture aux autres, l'esprit de participation et la création de liens.

PÉRIODE DU JOUR : crépuscule
FACULTÉ : langage
SAISON : hiver
JOUR DE LA SEMAINE : samedi
ANIMAL : scorpion
OBJET : pendule

SIGNIFICATION DU DOMAINE DE L'AMBIVALENCE

Le domaine de l'*ambivalence* signifie que quelque chose est arrêté, immobilisé, stagnant.

Ce domaine indique qu'un problème de dualité, de division ou de lutte se pose.

Vous devrez chercher à savoir si l'ambiguïté et la confusion ne viennent pas du langage et du choix des mots.

Dans ce domaine, on est préoccupé par un état intérieur de doute, d'hésitation, de perplexité. On se demande comment agir, quelle décision prendre.

L'aspect statique de ce domaine indique qu'un temps d'arrêt est souhaitable. Peut-être est-ce un obstacle qui empêche le mouvement. Ce n'est pas le temps d'agir.

Une période de solitude peut être nécessaire. Le silence est recommandé pour une analyse de la situation.

À la limite, ce domaine suggère l'idée de rupture. Il se pourrait que quelque chose s'immobilise, prenne fin, ou même disparaisse.

Il s'agit du domaine de l'épreuve. Il faut faire preuve de persévérance et de courage.

PERFECTION 7 PERFECTION ☆☆☆☆☆

PÉRIODE DU JOUR : jour (par rapport à la nuit)
FACULTÉ : esprit
DIRECTION : nord
JOUR DE LA SEMAINE : dimanche
ANIMAL : aigle
OBJET : boussole

SIGNIFICATION DU DOMAINE DE LA PERFECTION

Dans le domaine de la *perfection*, s'annonce l'atteinte d'un sommet, d'un équilibre parfait, d'une harmonie rare.

Dans ce domaine, on est à la recherche de l'idéal, du bonheur, de l'accomplissement parfait d'un projet, de la réalisation d'un rêve.

Vous entreprendrez une démarche qui vous conduira vers un succès, un triomphe, un état fortuné ou toute autre forme d'excellence.

Il est question ici de joie, d'allégresse, de situation bénéfique, d'état heureux.

C'est aussi le domaine des découvertes mystiques et du plus haut degré de conscience.

Ce domaine autorise la poursuite des rêves les plus grands même s'ils ne seront réalisés que plus tard.

Ce domaine est en rapport avec la lumière, avec tout ce qui éclaire et rayonne.

SAGESSE 8 SAGESSE ☆ ☆ ☆ ☆

PÉRIODE DU JOUR : aube
FACULTÉ : intelligence
DIRECTION : ouest
JOUR DE LA SEMAINE : dimanche
ANIMAL : hibou
OBJET : lanterne

SIGNIFICATION DU DOMAINE DE LA SAGESSE

Quand on est dans le domaine de la *sagesse*, on est préoccupé par la recherche d'une solution juste et intelligente à un problème.

Dans ce domaine, on cherche à créer un espace nouveau, à nettoyer, à faire des changements autour de soi.

On est invité à s'abandonner, à être réceptif, à s'ouvrir, à ne pas s'attacher démesurément.

On est porté à regarder du côté du ciel, c'est-à-dire que l'on cherche à dépasser ses limites personnelles.

On est dans le domaine du mystère, de ce qui échappe à la logique habituelle. On prend conscience soudainement de la force du Destin.

La solution à un problème se trouve à l'intérieur de vous-même. Vous devez faire un examen attentif de vos motivations et de votre comportement.

Vous devez prendre conscience de la nécessité de vivre pleinement le moment présent, d'éliminer vos craintes par rapport au passé et au futur.

MAISONS 11 à 88

Deuxième Dé à jouer

11 INSPIRATION ☆☆☆

LE SOUFFLE
DE LA CRÉATION

Magie des chiffres :
Le un (1) symbolise la magie et le commencement.
Le double un (1) produit le onze (11), chiffre de la magie inspiratrice et du perpétuel renouvellement de l'énergie créatrice.
Image :
L'image de l'*inspiration* est le **souffle**. Il symbolise la vie de l'esprit que l'on reçoit et que l'on donne.

INTERPRÉTATION
Vous vous trouvez actuellement dans une situation qui pourrait être inspirante. Vous pouvez faire la synthèse de vos idées, de vos impulsions et de vos émotions. Vous êtes dans un état privilégié de réception à l'*inspiration*. Vos aptitudes à communiquer sont aussi très vives. Cette situation dépend de toute une conjoncture favorable qui implique votre environnement. Un souffle créateur va vous traverser. Laissez-vous conduire par cet élan. Ne vous contractez pas, vous risqueriez de le couper. Ce souffle ne dépend pas de vous, mais c'est à vous d'en faire quelque chose qui sorte de l'ordinaire.

RÉFLEXION
L'*inspiration* est une grande force. On trouve ici la force magique qui initie. Elle vient de l'intérieur. C'est la maison de la double naissance (double un). Cette énergie qui vous visitera est l'*inspiration*. Vous trouverez sous peu de nouvelles idées, des formes, des intuitions ou des sentiments inattendus et féconds.

CONSEILS
Créer des formes nouvelles, influencer, rester spontané, risquer, surprendre, imaginer des situations inattendues, tenter de nouvelles expériences.

12 SACRIFICE ☆☆

LA CONDITION
DE LA CRÉATION

Magie des chiffres :
Le un (1) signifie l'initiative.
Le deux (2) signifie l'inconnu.
Ainsi on obtient le *sacrifice* qui est l'initiative que l'on prend devant l'inconnu.
En plus, le chiffre douze (12) est celui de l'épreuve, du don de soi et du *sacrifice* .

Image :
L'image du *sacrifice* est l'**arbre**. Il se dépouille inévitablement de ses feuilles en son temps. Cela prépare la venue d'un nouveau printemps.

INTERPRÉTATION
Cette maison suggère que vous devez renoncer à quelque chose. Il faut simplifier, c'est-à-dire enlever certains éléments au sein de l'abondance. Vous êtes maintenant en position d'examiner ce qui a contribué à compliquer la situation en question. Certaines circonstances ont détérioré l'atmosphère, mais vous ne leur prêtiez pas attention. Ou peut-être avez-vous cherché à rester attaché à une situation malgré des signes évidents de désintérêt. Vous devez maintenant renoncer à ce lien. Malgré le *sacrifice* qu'implique cette situation, vous ressentirez un grand bien-être associé à un sentiment de liberté, d'excitation et de confiance. En fait, le *sacrifice* représente souvent l'ouverture sur de nouvelles possibilités. Voici l'occasion de faire le ménage dans les affaires en question et de vous découvrir de nouvelles ressources.

RÉFLEXION
Quand il y a trop de projets, la structure s'alourdit. Voilà pourquoi la période de *sacrifice* , même si elle implique le négatif, est très importante. Elle permet de diminuer pour augmenter, d'appauvrir pour enrichir, de quitter une forme de vie pour une autre. Vous ne devez donc pas craindre cette étape. Elle vous apportera une satisfaction et un bien-être plus grands.

CONSEILS
Éliminer le superflu, persévérer, se dépouiller, se concentrer sur l'essentiel, mettre de côté, quitter, renoncer, accepter.

13 ESPOIR ☆☆☆☆☆

LA CRÉATION DE L'AVENIR

Magie des chiffres :
Le un (1) signifie l'initiative.
Le trois (3) signifie le mouvement.
Quand on prend l'initiative du mouvement, on fait l'expérience de l'*espoir*.
En plus, le chiffre treize (13) suggère l'idée de la mort qui conduit à une nouvelle vie, à un nouvel *espoir*.

Image :
L'image de l'*espoir* est le **matin** qui annonce une nouvelle possibilité, la naissance d'un *espoir* nouveau.

INTERPRÉTATION
Certaines difficultés que vous avez connues récemment, avec votre santé, en amour ou dans votre travail, devraient s'aplanir. Votre découragement momentané peut maintenant faire place à l'*espoir*. Quelque chose se lève comme le soleil du matin. En apparence, ce n'est presque rien : une lueur, une idée, une rencontre fortuite. Mais c'est néanmoins le signal du réveil. La consigne à observer est la suivante : y aller doucement, avancer graduellement. Se contenter pour l'instant de percevoir qu'une époque nouvelle en est à ses débuts. Le seul véritable danger est la précipitation, l'impatience, la hâte. Tout doit se réveiller à son heure. Le temps joue en faveur de la situation.

RÉFLEXION
Un beau matin, on se réveille et on sait que la nuit est finie. Une fleur naissante ne doit pas prendre trop d'eau. Un convalescent ne se jette pas trop vite dans l'action. La maison de l'*espoir* est celle de la lenteur. Cette nouvelle époque qui commence pour vous s'annonce très sereine et heureuse. Vous ne devez cependant pas précipiter les événements.

CONSEILS
Faire des projets, entreprendre, avoir confiance, anticiper, croire que tout va s'arranger, persévérer.

14 MESURE ☆☆☆

LA CRÉATION
DE L'HARMONIE

Magie des chiffres :
Le un (1) indique la puissance réceptive.
Le quatre (4) indique la force organisée.
Ainsi, on obtient la *mesure* comme capacité de recevoir et d'accepter la force organisée.
Le chiffre quatorze (14) indique aussi l'idée de sobriété.
Image :
L'image de la *mesure* est la **balance** qui suggère l'idée d'équilibre et de juste milieu.

INTERPRÉTATION

Une question que vous vous posez renvoie à un besoin d'équilibre. Le temps de la *mesure* est arrivé. Il est maintenant possible d'harmoniser les tendances opposées, de tempérer les conflits. Quel que soit l'objet de la question, il faut montrer beaucoup de réserve. Voici le temps des régimes alimentaires, des économies financières, du repos. Vous vivez peut-être un certain trouble par rapport à une situation. L'heure est venue de tempérer vos élans, de mesurer votre énergie, d'éviter les excès. Trop de générosité peut vider, trop de retenue peut isoler.

RÉFLEXION

Un individu modéré n'est pas forcément celui qui évite les excès. Il est plutôt celui qui, les ayant expérimentés, sait les unifier dans une harmonie supérieure. Il ne se sent plus fasciné par l'univers des limites. Il y a goûté, y retourne parfois mais il ne se sent pas magnétisé par les états qu'on y vit. Il a trouvé dans la *mesure* une saveur qui le retient. Une telle attitude pourrait vous procurer un grand bien-être sur le plan physique aussi bien que psychologique.

CONSEILS

Tempérer, modérer, équilibrer, évaluer les enjeux, planifier, budgétiser, pondérer, garder le sens de l'humour.

15 PASSION ☆

LA CRÉATION DE LA FOLIE

Magie des chiffres :
Le un (1) signifie la force magique.
Le cinq (5) signifie le besoin d'union.
Ainsi, quand on veut s'unir magique-
ment à l'autre, on obtient l'idée de
passion. Le chiffre quinze (15) ainsi
produit évoque la force instinctive propre à la *passion*.
Image :
L'image de la *passion* est traditionnellement le **volcan**. Il allume
et embrase tout ce qu'il touche.

INTERPRÉTATION
Vous serez prochainement frappé par une *passion* à moins que
vous ne soyez déjà envoûté par une question. Il peut s'agir aussi
bien d'ambition politique, d'emportement amoureux, de fébrilité
dans le travail que de désir sexuel. Vous ne pourrez pas ignorer
cette *passion*. Elle vous envahira complètement. Elle peut prendre
diverses formes : force de déséquilibre, énergie surabondante ou
effrayante. Dans cet état de démesure, il n'est pas possible
d'éliminer par un coup de volonté ce qui consume et obsède. Cela
n'est pas même souhaitable. Vouloir nier ou endiguer la *passion*
c'est lui donner encore plus de force. Il y a, dans cette folie que
vous vivrez, une certaine sagesse. Vous devrez la vivre avec intensité mais aussi avec une grande attention. Observez sans jugement ce qui vous attire et vous obsède. Ce qui vous ravagera le
cœur risque de devenir un jour ce qui pourra le sauver.

RÉFLEXION
La personne passionnée ne connaît pas de repos sur le plan émotif. Toutes ses forces sont concentrées sur son objet. Elle voyage
des sommets du plaisir aux bas-fonds du tourment. La *passion*
est traditionnellement symbolisée par le volcan. En fait, le volcan
indique qu'il y a bouillonnement d'énergie et chaleur intense.
Dans toute *passion*, il y a une merveilleuse énergie. Vous n'y
pouvez rien.

CONSEILS
Accepter son état, l'observer attentivement, expérimenter, apprendre à se détacher, vivre pleinement le moment présent.

16 DESTRUCTION

LA CRÉATION DU MAL

Magie de chiffres :
Le un (1) indique le commencement.
Le six (6) indique l'ambivalence.
D'où la tentation ambiguë de tout dé-
truire pour repartir à zéro.
Le chiffre seize (16) ainsi produit sug-
gère que la destruction est le présage d'une reconstruction future.
Image :
L'image de la *destruction* est le **déluge**. On ne peut rien contre
la pluie torrentielle et prolongée. Elle produit toutes sortes de
dégâts.

INTERPRÉTATION
Vous risquez de vous sentir envahi de toutes parts par des forces
qui vous effraient. Il se peut même que vous perdiez confiance en
vous et que vous désespériez de la situation. L'envie de tout détruire, de faire table rase pour remettre le compteur à zéro vous
prendra sans doute. Il s'agit d'une période de doute et de difficultés à passer. Vous pouvez déjà songer à reconstruire en pensant à
la petite pousse qui fleurit quelque part. Il est inutile de lutter contre les éléments négatifs qui peuvent polluer votre environnement
affectif ou professionnel, ou votre bien-être. Ménagez plutôt vos
ressources pour ce qui suivra.

RÉFLEXION
La *destruction* fait partie de la loi universelle de vie et de mort.
Mais comme la pierre solide dans le torrent, vous ne vous laisserez pas emporter par le courant destructeur. Bien sûr, quelque
chose est en train de périr dans la situation présente. Mais la *destruction* permet un grand nettoyage des forces de stagnation et
conduit inévitablement à une nouvelle période de créativité. Beaucoup de problèmes se règlent de cette façon. Pour le moment,
vous avez avantage à cultiver la patience et l'esprit d'initiative.

CONSEILS
Ne pas paniquer, garder son sang-froid, patienter, persévérer, relever le défi, agir, inventer.

17 RENCONTRE
☆ ☆ ☆ ☆

**LA CRÉATION
DE LA RELATION**

Magie des chiffres :
Le un (1) symbolise le commence-
ment.
Le sept (7) symbolise l'harmonie.
Ainsi avons-nous la *rencontre* comme point de départ vers
l'harmonie.
Le chiffre dix-sept (17) ainsi produit ajoute l'idée de la communi-
cation amicale.
Image :
L'image de la *rencontre* est l'**électricité**, par laquelle le contact
du pôle positif et du pôle négatif permet au courant de passer.

INTERPRÉTATION
Vous ferez prochainement une *rencontre*. Cette maison est marquée par l'ouverture. Vous ne risquez rien en vous laissant aller à
cette relation même si l'avenir apparaît confus ou effrayant. La situation présente indique que ce qui est entrepris vient d'une volonté d'union, d'un besoin de se rapprocher et de participer.
Beaucoup d'idées et d'énergie sont mises en circulation.
L'époque est favorable. Vous pouvez foncer et agir. Il est utile cependant de ne pas oublier le processus qui a permis la *rencontre.*
Vous serez guidé par un projet motivant et enthousiasmant. Vous
êtes sous une bonne étoile.

RÉFLEXION
Toute communication avec les autres prend sa source dans une
communication avec soi. Accueillir les autres vient d'une aptitude
à s'accepter soi-même tel que l'on est. Quand le contact est établi,
le courant passe. Il y a deux énergies complémentaires qui se ren-
contrent, il y a interdépendance, travail en commun, amitié,
coopération, amour peut-être. Vous avez toutes les raisons d'être
confiant, une période exaltante et productive commence pour
vous.

CONSEILS
Faire un contact, se lier aux autres, communiquer, coopérer,
écouter les autres.

18 DESTIN ☆☆☆☆☆

Magie des chiffres :
Le un (1) symbolise l'énergie créatrice.
Le huit (8) symbolise la justice.
Quand l'énergie créatrice rencontre la justice, on se trouve devant un *Destin*. Le chiffre dix-huit (18) ainsi produit suggère l'idée du *Destin* comme influence cosmique.

Image :
L'image du *Destin* est celle des **saisons.** Elles arrivent inévitablement et d'une façon ordonnée et progressive.

INTERPRÉTATION

Vous êtes entouré d'énergies secrètes et incompréhensibles. Quelque chose se dessine et vous ne savez trop quoi. Il règne un climat de mystère dans la situation. Une force vous procurera un sentiment de puissance, d'étonnement et de responsabilité. Voici le temps de faire confiance à votre intuition et à vos pressentiments. Vous n'avez pas à vous inquiéter. Quelque forme que prenne le message du *Destin* - une lettre, une rencontre, un rêve, une prémonition - vous éprouverez le sentiment que cela ne pouvait pas ne pas arriver. Vous ne devez pas vous laisser guider par la peur. Tout ceci contribuera à faire avancer l'objet de l'enquête. Une destinée se dessine.

RÉFLEXION

Avoir un *Destin*, c'est d'abord pressentir que des forces supérieures jouent dans la vie. Votre force individuelle s'ajuste en ce moment à un courant plus vaste. Tout ce que vous pensez a un impact sur votre entourage élargi. Quand un enfant est assassiné, la terre entière tremble. Quand une pierre tombe dans l'eau, c'est l'univers entier qui fait des ronds. Il y a quelque chose de magique là-dedans.

CONSEILS

Être attentif au mystère, à ses pressentiments, aux forces invisibles, faire confiance au *Destin*, se fier à son intuition.

21 COSMOS ☆☆☆☆☆

LE SECRET DE L'ESPACE

Magie des chiffres :
Le deux (2) signifie l' inconnu.
Le un (1) signifie la création.
On obtient ainsi le *cosmos* ou les
forces inconnues de la création.
La somme des deux chiffres donne le
trois (3) qui suggère en plus l'idée du mouvement et de l'énergie
cosmiques.

Image :
L'image du *cosmos* est l'œuf dont la forme est celle de l'univers
et dont la force est de mettre au monde.

INTERPRÉTATION

Les forces mystérieuses de l'univers s'ouvrent à vous. Vous détenez tous les moyens pour atteindre un sommet de réalisation.
Vous entrez dans une période d'abondance. Vous réaliserez vos
buts, vous exercerez votre potentiel au maximum. L'estime qu'on
vous porte sera grande. Vous triompherez des obstacles. Tout
semble favorable. Ceci ne veut pas dire que vous êtes un héros.
Tout simplement, vous récolterez les fruits de vos multiples efforts. Étant donné que vous êtes dans la maison du *cosmos*, vous
serez prochainement préoccupé par des questions de diffusion et
de distribution. Comment faire profiter les autres de votre richesse: argent, biens matériels, connaissance, amour, aide?

RÉFLEXION

L'énergie accumulée demande à circuler, à se communiquer. Sinon, celui qui la possède éprouve vite les malaises propres à celui
dont la force est bloquée. Il ne faut pas fixer inutilement les objectifs. Il convient plutôt de se concentrer sur les étapes successives.
Cette maison concerne aussi les gestes d'ouverture aux autres. Ne
retenez pas vos biens. Laissez les autres entrer en contact avec
vous.

CONSEILS

Accueillir, réaliser une œuvre, surmonter les obstacles, moison-
ner, faire rayonner sa force.

22 FOLIE ☆

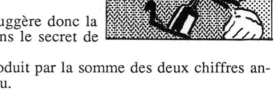

Magie des chiffres :
Le deux (2) signifie le secret et l'inconscient.
Le double deux (2) suggère donc la *folie*, une plongée dans le secret de l'inconscient.
Le quatre (4) ainsi produit par la somme des deux chiffres annonce un ordre nouveau.

Image :
L'image de la *folie* est le **vagabond**, celui qui s'est dégagé des rôles conventionnels. Il symbolise l'errance, le départ, l'irresponsabilité et la négligence.

INTERPRÉTATION

Vous serez très prochainement saisi par une folle impulsion. C'est le signal que quelque chose va changer. Comme pour toutes les doubles maisons, l'occasion est particulièrement importante. Vous agirez de façon apparemment imprévisible. Vous adopterez une attitude qui en dérangera plus d'un. Ce moment n'est pas forcément inquiétant. Tout semble indiquer que vous avez longtemps représenté la sagesse. Maintenant, il se peut qu'un goût de liberté, de grands espaces, de tout recommencer ailleurs se manifeste avec impétuosité. Vous aviez peut-être pris trop de responsabilités. Voici le moment de donner du lest, de vous laisser aller un peu.

RÉFLEXION

On se trouve ici sur un terrain glissant. L'insouciance produit des effets qu'il est difficile de prévoir. Quand on entre dans la maison de la *folie*, on n'est pas forcément dans un univers de maladie. Une certaine dose de *folie* peut être nécessaire pour découvrir des dimensions de soi qui seraient autrement éteintes. Le dosage est cependant délicat. Vous pouvez toutefois vous permettre une période de *folie*. Vous en sortirez renforcé et mieux disposé.

CONSEILS

Débrayer, partir, quitter, être impulsif, être plus insouciant, diminuer ses responsabilités.

23 SOLIDARITÉ ☆☆☆☆

LE SECRET DE L'AMOUR

Magie des chiffres :
Le deux (2) représente la profondeur.
Le trois (3) représente l'action.
Ainsi on obtient la *solidarité* qui est le
sens profond de toute action.
Ceci est confirmé par le chiffre cinq
(5), somme des deux chiffres, signifiant la communauté.

Image :
L'image de la *solidarité* est le **bâtiment** dans lequel chaque
structure dépend de toutes les autres structures dans une relation
d'interdépendance.

INTERPRÉTATION
Cette maison renvoie à un besoin de *solidarité*. Vous semblez
préoccupé par des problèmes d'organisation et de coopération.
Les habitudes de certains semblent vous peser. Il se peut même
que vous envisagiez la possibilité de tout laisser tomber : le travail
ennuyeux, les obligations fastidieuses, le train-train. Le désir
d'injecter de l'enthousiasme et de l'ardeur dans ce que vous avez
à faire explique ce besoin de *solidarité*. Avec le soutien des autres, votre vie pourrait facilement être stimulante. Vous vous trouvez dans une situation des plus favorables pour former une communauté vivante, que ce soit en famille, au travail, dans votre vie
sociale ou en amour.

RÉFLEXION
Très souvent, les groupements reposent sur une relation méca-
nique. On va à l'école parce qu'on s'y croit obligé et non par goût
d'apprendre. On travaille parce qu'il le faut et non par désir de se
dépasser. D'où le sentiment désagréable d'être dominé par
l'habitude, la loi ou les coutumes sociales. Afin de sortir de ce
carcan, vous devez réaliser les conditions de la *solidarité*. Vous
avez actuellement la force et le magnétisme nécessaires pour réunir quelques personnes autour d'un projet commun.

CONSEILS
Lier, regrouper, réunir, encourager, stimuler, animer, distribuer
des rôles, se motiver.

24 CULPABILITÉ

Magie des chiffres :
Le deux (2) signifie l'inconscient.
Le quatre (4) signifie l'autorité.
Une force inconsciente occupe la position d'autorité. Cette force est la *culpabilité.*
La somme des chiffres donne le six (6) qui ajoute l'idée d'indécision propre à toute personne coupable.

Image :
L'image de la *culpabilité* est la **prison** dont chaque barreau limite les possibilités d'ouverture et de réalisation.

INTERPRÉTATION

Cette maison sous-entend qu'il y a un malaise dans la situation. Il est question plus précisément de *culpabilité.* Il se peut que vous soyez confronté à un problème de conscience. On identifie ordinairement la *culpabilité* à une voix intérieure. Cette voix fait des reproches, elle censure, elle blâme. C'est la voix ténébreuse du remords. Vous pouvez travailler sur cette situation de façon assez simple. Si vous identifiez cette voix intérieure à une autre personne - un parent, un ami, un policier, un supérieur - vous devez immédiatement rapatrier cette voix. «Ce n'est pas un autre qui me fait des reproches, c'est moi-même.» Vous comprendrez alors que vous êtes en train de saboter votre paix intérieure chaque fois que vous faites parler cette voix qui tue la vie, qui empoisonne la joie et qui vous dévalorise.

RÉFLEXION

On ne doit pas confondre *culpabilité* et responsabilité. La personne responsable est mue par une conscience claire d'elle-même et une acceptation de ses limites et de ses forces. La personne coupable, au contraire, est motivée par un principe intérieur tourmenté et autodestructeur. Certains pensent que la *culpabilité* est la voix de la conscience. Au contraire, c'est la voix d'un inconscient trop envahissant. Il importe que vous soyez vigilant à ce sujet.

CONSEILS

Cesser de se faire des reproches, demander de l'aide, s'examiner intérieurement, ne pas se blâmer, s'accepter.

25 ALLÉGRESSE
☆ ☆ ☆ ☆

LE SECRET DU BONHEUR

Magie des chiffres :
Le deux (2) de la profondeur s'unit au cinq (5) de la générosité. On obtient ainsi l'*allégresse* qui s'exprime spontanément comme une générosité profonde.
La somme des deux chiffres donne le sept (7) de l'harmonie dans le contact, une autre qualité de l'*allégresse*.

Image :
L'image de l'*allégresse* est la **brume** qui flotte le matin sur les lacs et sur les terres symbolisant la légèreté et la quiétude.

INTERPRÉTATION
Vous entrez ici dans une maison favorable. Votre force vitale peut maintenant s'épanouir. Vous exercerez une grande influence dans votre milieu, surtout si votre intervention se produit de façon détendue et joyeuse. Vous pouvez même attendre des autres de grands efforts et de la collaboration. Vos gestes se trouveront imprégnés de tendresse et d'affabilité, ce qui facilitera d'autant vos contacts. Cette disposition favorable entraînera les autres. Vous arriverez à les stimuler et à leur communiquer votre enthousiasme. Vous devez cependant voir à ne pas gaspiller cette énergie joyeuse en agitation désordonnée.

RÉFLEXION
L'*allégresse* n'est pas une gaieté débridée. C'est comme une vapeur légère qui flotte le matin sur les champs. Mélange de sérénité, de bonheur, d'intensité et de gaieté, l'*allégresse* reste cependant sérieuse. Dans cet état, vous pourrez entreprendre beaucoup. Les chances de réussite seront très grandes. Profitez de la situation.

CONSEILS
Être affable et tendre, avoir le sens de l'humour, rire, encourager, aimer la vie, être joyeux.

26 ÉCHANGE ☆☆☆

LE SECRET DE L'ORGANISME

Magie des chiffres :
Le deux (2) signifie la force inconnue.
Le six (6) signifie le choix.
Ainsi, on obtient l'*échange* par lequel
on donne et reçoit la force.
Par là, on trouve un équilibre organique symbolisé par le huit (8),
somme des deux chiffres.

Image :
L'image de l'*échange* est la **bouche** par où passe l'énergie terrestre pour se transformer en force vitale.

INTERPRÉTATION

La difficulté sous-jacente à la question posée renvoie à un problème d'*échange*. Vous devez être attentif à ce que vous recevez des autres : nourriture, boisson, idées, influences, émotions. Vous devez aussi évaluer ce que vous offrez aux autres : s'agit-il de confiance, d'aide, d'affection, d'idées, de biens? Ou s'agit-il de reproches, de demandes, d'indifférence et de découragement? Vous devez faire le bilan de ce réseau d'*échange*. Il vous faut en particulier surveiller tout ce qui concerne votre alimentation. Il se pourrait que vous éprouviez un malaise d'origine physique ou diététique.

RÉFLEXION

Consommer, c'est recevoir les éléments primordiaux de la terre. Si on examine attentivement la façon dont on reçoit les nourritures alimentaires, intellectuelles, émotives et spirituelles, on s'aperçoit qu'on établit aussi le même type de relation avec les autres. Vous avez intérêt à considérer avec sérieux un sujet qui vous concerne au plus haut point, soit votre santé physique, émotive ou spirituelle.

CONSEILS

Se nourrir, alimenter les autres, surveiller ce que l'on consomme et ce que l'on donne, soigner son corps et son esprit.

27 SOLITUDE ☆☆

Magie des chiffres :
Le deux (2) symbolise l'inconscient et l'insondable.
Le sept (7) symbolise l'harmonie.
C'est dans la *solitude* que l'on plonge dans les profondeurs insondables de l'inconscient, d'où l'on sort avec un sentiment de plénitude.
Le chiffre neuf (9) ainsi obtenu ajoute l'idée de maturité obtenue par l'expérience de la *solitude*.
Image :
L'image de la *solitude* est l'**ermite** ou l'homme du désert. C'est dans le face à face avec soi que l'on découvre la source infinie de toute compassion.

INTERPRÉTATION
La façon de résoudre la difficulté présente est clairement indiquée. Vous devez vous donner un espace de *solitude*. Il se peut que vous n'appréciiez pas les avantages de la *solitude*. Elle peut vous peser, vous paraître menaçante. En entrant en contact avec la *solitude*, vous avez plus de chance d'entrer en contact avec vous-même. Bien sûr, il est possible que vous ne découvriez pas que du rose. La rencontre avec les petits démons intimes est pourtant indispensable. Vous ne devez pas fuir cette maison. Les monstres ne sont que d'inoffensifs fantômes produits par l'imagination. Au centre de la *solitude*, vous trouverez une étonnante clarté. Cette expérience sera très vivifiante.

RÉFLEXION
Vous ne devez pas confondre *solitude* et isolement. On peut vivre en société et être néanmoins coupé de ceux avec qui on partage la vie. Ce manque de communication est isolement. Il est sec, vide et ennuyeux. La *solitude* est, au contraire, pleine et riche. Elle permet de se tourner sur ce qu'il y a de plus ouvert et de plus harmonieux en soi. Il est important que vous entriez dans cet état, ne serait-ce que pour améliorer vos relations avec les autres.

CONSEILS
Se retirer, méditer, réfléchir, entrer en soi, trouver son espace personnel, se ressourcer, se connaître.

28 SURPRISE ☆☆☆

LE SECRET
DE LA NOUVEAUTÉ

Magie des chiffres :
Le deux (2) symbolise l'inconnu.
Le huit (8) symbolise le sentiment
d'infini et de vide.
On a ainsi la *surprise* qui est le senti-
ment de vide face à l'inconnu.
En plus, la somme des deux chiffres donne le dix (10) qui évoque
l'idée que la vie est un mouvement perpétuel produisant sans
cesse des choses surprenantes.
Image :
L'image de la *surprise* est la **foudre**. Elle arrive avec rapidité et
de façon inattendue.

INTERPRÉTATION
Ce qui se prépare va se révéler au grand jour. Ce qui va vous arriver se présente avec la rapidité de l'éclair. Cet événement surprenant sera l'occasion pour vous de vous arrêter et d'analyser.
Vous serez porté à faire un bilan, à chercher les causes du choc, à
vouloir régler rapidement les affaires, à faire l'expérience de ce
qui sort de l'ordinaire. Vous êtes dans la maison de la rapidité.
Les choses vont maintenant se précipiter. Ce qui stagnait va se
mettre à revivre. Ce qui traînait va s'organiser. Ce sera le moment
favorable pour prendre une décision, conclure ce qui est en suspens. Ne craignez pas de vous laisser surprendre par le mouvement de la vie. Sans la *surprise*, on végète dans l'ennui.

RÉFLEXION
Voici la maison de la rapidité du jugement, de la décision immédiate. Accueillir la *surprise* indique que l'on ouvre la porte à
l'inconnu, qu'on se laisse ébranler par la nouveauté. La *surprise*
frappe en général quand on s'y attend le moins, lorsqu'on se sent
installé dans des habitudes. Vous ne devez toutefois pas trop vous
en faire puisque celle qui vous concerne est favorable.

CONSEILS
Subir le choc, affronter l'imprévu, recevoir ou confier un secret,
agir rapidement, juger.

31 DÉPENDANCE ☆

LA POUSSÉE DU MOUVEMENT

Magie des chiffres :
Le chiffre trois (3) suggère le mouvement.
Le chiffre un (1) indique que le mouvement en est à ses débuts.
Ce mouvement produit le chiffre quatre (4) de la forme ou structure. Ainsi est établi un lien de *dépendance* entre le mouvement créateur et la forme produite: toute forme dépend d'une force qui la soutient.

Image :
L'image de la *dépendance* est le **nourrisson** qui est complètement soumis, pour sa subsistance, à la mère. Toute sa force vient de sa capacité de dépendre.

INTERPRÉTATION
Vous vous sentez peut-être dans un état de *dépendance* comme si vous étiez soumis à une personne, à un événement, à un travail ou à une force extérieure. Il se peut que cet état vous rende tendu parce qu'il ne correspond pas à ce que vous souhaiteriez. Pourtant, cette position dans l'ombre est importante. Provisoirement, elle va vous permettre de progresser et de préciser vos motivations personnelles. Si elle met à l'épreuve votre orgueil et votre sens du commandement, elle vous permettra néanmoins de développer votre souplesse et votre sens de la situation. Pour cette période, vous serez plus efficace si vous vous effacez. Les postes de contrôle viendront à leur heure. Ce rôle de dépendant est essentiel pour vous permettre d'analyser la situation et d'évaluer sa complexité. Vous aurez de nombreuses raisons de tirer parti de cette position.

RÉFLEXION
Quand l'indépendance est fortement valorisée, il n'est pas facile de reconnaître les bienfaits de la *dépendance*. Et pourtant, elle permet, dans bien des cas, de découvrir ses talents et de comprendre l'ensemble de la situation de l'intérieur. C'est pourquoi vous devez rester réceptif dans un rôle de dépendant. La force se développe progressivement.

CONSEILS
Accepter une influence extérieure, écouter, s'adapter, rester réceptif, être conciliant, respecter l'autorité.

32 COURAGE ☆☆☆

LE MOUVEMENT ASCENDANT

Magie des chiffres :
Le trois (3) indique l'activité.
Le deux (2) indique l'inconnu.
La poursuite de l'activité dans l'in—
connu exige le *courage*.

Le cinq (5) ainsi produit ajoute l'idée d'une puissance accrue.
Image :
L'image du *courage* est l'**explorateur.** Il affronte le danger et l'inconnu avec détermination et sang-froid.

INTERPRÉTATION
Une nouvelle ou un événement à venir risque de vous contrarier. Une entreprise ne donnera pas les résultats escomptés. Il vous faudra une certaine dose de *courage* pour faire face à la situation. Vous serez peut-être tenté de démissionner et de tout laisser tomber. Vous n'en ferez rien car votre investissement est déjà trop grand. Vous possédez d'ailleurs les ressources affectives et physiques pour relancer ce projet qui vous tenait tant à cœur. Votre autorité et votre confiance reviendront si vous évitez le défaitisme et si vous persévérez dans vos convictions.

RÉFLEXION
Le *courage* fait que rien ne peut tuer la force intérieure et l'estime de soi. Certaines réalisations se font parfois par étapes. Des obstacles et des risques représentent des défis qui donnent plus de valeur à la réussite. Vous devez tenir bon. C'est la façon la plus sûre de réussir avec fierté dans les circonstances.

CONSEILS
Se tenir debout, persévérer, garder sa fierté, rester magnanime, affronter l'obstacle, foncer.

33 CHANGEMENT
☆ ☆ ☆ ☆

LE RÉSULTAT DU MOUVEMENT

Magie des chifres :
Voici une maison double. Le trois (3) symbolise le mouvement, d'où l'idée du double mouvement, c'est-à-dire du *changement.*
La somme des deux chiffres est le six (6) qui indique la perplexité et l'hésitation de celui qui se trouve devant le *changement.*
Image :
L'image du *changement* est la **mue.** Aux périodes de mue, des transformations inévitables s'opèrent dans l'organisme.

INTERPRÉTATION
Vous êtes au sein d'un *changement* qui va transformer votre vie. Quelque chose se prépare, vous le sentez d'ailleurs. Il se peut que vous éprouviez une certaine inquiétude par rapport à cet ordre nouveau qui s'annonce et que vous ne percevez pas encore. D'ailleurs, ce *changement* est comme le sommet d'un iceberg, le premier aspect d'une vaste transformation. D'autres personnes dans votre entourage connaissent un ou plusieurs éléments qui pourraient éclairer la situation actuelle. Vous avez avantage à vous ouvrir à elles. Vous ne devez cependant pas foncer aveuglément. La profondeur du *changement* est trop grande pour qu'il s'effectue rapidement. De toute façon, cela ne dépend pas seulement de votre volonté personnelle mais d'un Destin plus vaste.

RÉFLEXION
Voici la maison de la révolution. Ce qui se prépare est grandiose et doit être pris au sérieux. L'époque de la révolution est évidemment troublée. La terre tourne sur elle-même, elle tourne autour du soleil lequel se meut à son tour. Rien ne peut empêcher cette révolution universelle. Ce qui change en ce moment, c'est peut-être votre caractère, votre partenaire, votre profession, votre situation matérielle. Mais le *changement* en question n'est pas banal. Il aura des conséquences profondes sur votre avenir.

CONSEILS
Transformer, reconstruire, réformer, recommencer, modifier, s'adapter, changer d'attitude.

34 DÉLIVRANCE

☆ ☆ ☆ ☆ ☆

LE SOMMET DU MOUVEMENT

Magie des chiffres :
Le chiffre trois (3) signifie le mouvement.
Le chiffre quatre (4) signifie l'organisation.
La somme des deux chiffres est le sept (7) qui symbolise la perfection. Ainsi on obtient l'idée de la *délivrance* en tant que
mouvement qui organise l'action parfaite.
Image :
L'image de la *délivrance* est le **papillon** qui se libère de sa condition de chenille rampante, pousse à travers les fils du cocon
pour se métamorphoser en couleurs, légèreté et mobilité.

INTERPRÉTATION

Vous devez travailler à vous libérer de la situation. Le climat va
maintenant s'améliorer progressivement. Vous êtes grandement
favorisé par le Destin. Mais il vous faut agir avec force et rapidité
puisqu'une solution du problème est déjà nettement tracée. La solution que vous avez envisagée semble cependant particulièrement
difficile à réaliser en ce moment parce qu'elle paraît radicale. Il y a
toujours une solution simple à un problème complexe. Les choses
vont repartir à neuf. Vous n'êtes qu'au début de la *délivrance*. Il
reste beaucoup à faire. Il importe que vous ne gaspilliez pas votre
énergie en vous inquiétant.

RÉFLEXION

Dans cette maison, le doute et l'épreuve font place à un grand
mouvement de libération conduisant au succès. Voici venu le moment des grandes décisions, du grand ménage, la fin des hésitations et de la réflexion. Le temps est à l'action énergique. Vous
devez garder les yeux tournés vers l'avenir. C'est le moment de
liquider les résidus du passé, de régler vos comptes, de pardonner, d'éliminer vos anciennes rancunes, de clarifier les situations,
sans quoi cette nouvelle entreprise s'alourdirait inutilement dès le
départ. Les nuages vont se dissiper.

CONSEILS

Agir, prendre des résolutions, avancer, briser des liens, s'imaginer dans une situation complètement différente.

35 RÉUSSITE ☆☆☆☆

LE TERME DU MOUVEMENT

Magie des chiffres :
Le trois (3) symbolise le mouvement.
Le cinq (5) symbolise la communauté.
Quand il y a mouvement vers la communauté, il y a la possibilité de *réussite*.
Le huit (8) ainsi obtenu signifie qu'un état d'équilibre est atteint.
Image :
L'image de la *réussite* est le vin. Il est bon, il donne de l'appétit, enivre et rend joyeux. Mais il fait aussi tourner la tête.

INTERPRÉTATION

Avec la *réussite*, vous atteindrez un point d'équilibre. Quelle que soit la question posée au Destin, vous réussirez. Dans cette maison, les forces intérieures et l'environnement sont en harmonie et se favorisent mutuellement. Votre énergie pourra avantageusement se déployer dans le milieu social. Vous exercerez une forte influence sur les autres. Vous pouvez être confiant. Vous vous sentirez apte à aider les autres que vous attirerez par votre magnétisme. Jamais vos possibilités de communication n'auront été aussi grandes. Vous vous sentirez véritablement élevé par la *réussite* et vous éprouverez le besoin de faire partager à ceux qui vous entourent cet état exceptionnel.

RÉFLEXION

S'il est difficile pour le plus grand nombre de vivre l'échec, il est encore plus difficile pour certains de connaître la *réussite*. Souvent, on supporte mal le succès. Sans s'en rendre compte, plusieurs en empêchent l'éclosion ou en sabotent les effets. Il faut beaucoup de force pour accepter pleinement le succès. Paradoxalement, il apparaît difficile à certains d'assumer leur force. Ils craignent que la *réussite*, comme le bon vin bu trop vite, ne leur tourne la tête et ne soit qu'éphémère. Dans cette maison, le Destin a réalisé toutes les conditions pour que la *réussite* soit pleinement acceptée.

CONSEILS

Assumer sa force, accepter de réussir, rayonner, rester modeste, rendre service, coopérer, partager.

36 FATIGUE

LE DÉCLIN DU MOUVEMENT

Magie des chiffres :
Le trois (3) indique l'action.
Le six (6) indique l'ambivalence.
Si l'action se heurte à l'ambivalence,
il en résulte la *fatigue,* ou perte d'énergie.
Le neuf (9) qui est la somme des deux chiffres suggère l'idée de
la tension physique produisant la *fatigue.*
Image :
L'image de la *fatigue* est le **sommeil.** Lorsque toutes les activités sont au repos, l'énergie est au minimum.

INTERPRÉTATION

La *fatigue* est un signal. Le Destin permet ce temps pour refaire
ses forces. Il ne faut pas s'étonner si des peurs anciennes refont
surface. Le temps de la *fatigue* permet cette remontée. Vous
devez profiter du fait que vous êtes dans cette maison pour
analyser ces peurs et les liquider. Elles s'étaient enfouies en vous
et vous hantaient à votre insu depuis longtemps. Voici le moment
de faire remonter à la surface les problèmes anciens relégués à
l'oubli. Ce remue-ménage vous permettra de faire le point et de
choisir la direction que vous prendrez au moment de l'action.
Mais pour l'instant, une halte s'impose qui vous aidera à refaire
vos forces avant de repartir.

RÉFLEXION

Quand on est dans la maison de la *fatigue,* il ne faut pas croire
que ce soit nécessairement de sa faute. L'épuisement est aussi un
événement normal dans le cycle moteur de l'organisme.
L'épuisement vient après l'effort. Mais la *fatigue* peut aussi venir
d'une attitude intérieure par laquelle on est inconscient de ses ressources. Quoi qu'il en soit, la *fatigue* est toujours un avertissement : il est temps de s'arrêter. Quand le fond du puits est sec, le
moment est propice pour y nettoyer les saletés accumulées. Vous
ne devez pas laisser passer cette occasion qui est un des moments
essentiels pour préparer l'étape suivante.

CONSEILS

S'arrêter, se reposer, s'examiner, reprendre ses forces, réfléchir,
faire des activités de détente, pratiquer des sports doux.

37 CYCLE ☆☆☆

LE MOUVEMENT COSMIQUE

Magie des chiffres :
Le trois (3) signifie le mouvement.
Le sept (7) signifie la perfection.
Ainsi on obtient le cycle qui est le retour parfait et régulier du mouvement.
La somme des deux chiffres est le dix (10) qui ajoute l'idée du changement par étapes produisant le *cycle*.

Image :
L'image du *cycle* est l'**horloge** qui ponctue le temps et évoque l'éternel recommencement.

INTERPRÉTATION

Dans cette maison, il est indiqué que l'on peut agir avec un instinct sûr. Il n'est pas nécessaire de faire un effort de volonté, de construire des plans ou de viser un but. En somme, il est inutile dans les circonstances de faire intervenir le raisonnement. Vous devez plutôt faire confiance à votre capacité naturelle d'agir. Vous devez vous laisser guider par votre flair. De même que la foudre intervient avec promptitude, force et intégrité, vous avez la capacité d'intervenir sans intrigue, sans idée de gain, sans souci de réputation ou de compensation. Agir de cette façon spontanée produit inévitablement un effet de surprise qui fait oublier le *cycle* dans lequel vous êtes.

RÉFLEXION

Dans un *cycle*, tout est mouvement précis. Il s'agit d'un mouvement engendré par lui-même, sans effort comme celui des aiguilles de l'horloge, comme celui des saisons. Le sens de cette maison est celui de l'action simple, directe et forte. Un *cycle* obéit à des lois internes. Il n'a pas de stratégie ni de ruse. Il est surprenant dans sa régularité même. L'action qui vous appelle maintenant est du même ordre. Vous devez suivre votre instinct.

CONSEILS

Être spontané, agir avec aisance, obéir à son instinct, garder confiance, demeurer simple, attendre le changement.

38 PROCRÉATION ☆☆☆

LE MOUVEMENT
DE LA NAISSANCE

Magie des chiffres :
Le trois (3) suggère le mouvement et
la féminité.
Le huit (8) suggère l'équilibre.
Dans l'équilibre de la matrice s'an-
nonce un mouvement vers l'extérieur, d'où l'idée de *procréation*.
La somme des deux chiffres (11) suggère également l'image de la
force féminine.
Image :
L'image de la *procréation* est la **femme** en qui se produit le mira-
cle de la naissance humaine.

INTERPRÉTATION
Une nouvelle situation est en train de se manifester. Quelque
chose ou quelqu'un sera engendré. Toute une série d'émotions
vont vous envahir relativement à cet événement. Êtes-vous prêt à
recevoir ce qui s'en vient? Vous éprouverez une grande joie après
l'attente. Vous vous questionnez peut-être sur votre futur rôle.
Peut-être êtes-vous cette personne qui renaît. Il se peut que cette
question vous renvoie à un problème de respect de la vie. Le moment est opportun pour vous de clarifier vos idées sur la *procréation* et de prendre conscience de ce que vous produisez actuellement.

RÉFLEXION
Tout homme comme toute femme peut être procréateur de la vie.
Il ne faut pas, cependant, considérer uniquement la vie physique.
Tous les domaines - affectif, intellectuel, matériel - sont visés. On
peut engendrer diverses choses : un amour, un projet, un groupe.
Tout être humain est lié par ce qu'il engendre. Vous devez accep-
ter ce qui se présente de nouveau dans votre vie.

CONSEILS
Engendrer, nourrir, vêtir, loger, rassurer, materner, éduquer,
protéger, entourer.

41 SOCIÉTÉ ☆☆☆

Magie des chiffres :
Le quatre (4) signifie l'ordre.
Le un (1) signifie le fondement.
La *société* est le fondement d'un groupe organisé.
La somme des deux chiffres est le cinq (5) qui suggère aussi l'idée de communauté et de regroupement.

Image :
L'image de la *société* est la **famille** qui est la plus petite forme de *société* organisée.

INTERPRÉTATION

Cette maison renvoie à des problèmes de structure ou de distribution de rôles à l'intérieur d'un groupe. Vous devez comprendre la position que vous occupez dans ce groupe. Il importe aussi que vous adoptiez une attitude dynamique et créatrice pour stimuler les gens autour de vous. Il se peut aussi que vous ayez l'intention de fonder un nouveau groupe. Le moment est propice pour ce genre d'initiative. Pour cela, il vous faut prendre conscience de vos possibilités et de vos besoins personnels, puis de ceux de chaque participant. Vous devez être prêt à accepter les mécanismes propres à toute institution: la solidarité, la juste perception des rôles, le respect des membres, la volonté de coopérer, le besoin de commander et d'obéir. Appartenir à un groupe demande un grand engagement.

RÉFLEXION

La famille est une mini-société qui se maintient par la magie de l'affection, de la loyauté et du respect. Pour qu'une famille réussisse, il est indispensable que les rôles soient clairement définis, ainsi que les responsabilités, les droits, les privilèges. Beaucoup de familles se disloquent parce que les rôles sont confus. On doit donc délimiter les tâches. Un groupe quelconque - familial, de travail, d'amitié - attend de vous que vous précisiez certaines fonctions de même que certaines orientations.

CONSEILS

Grouper, être loyal, respecter les autres, distribuer des rôles, créer une solidarité, bien remplir son rôle.

42 ÉPARPILLEMENT ☆

LA DISSIPATION DE L'ORDRE

Magie des chiffres :
Le quatre (4) signifie l'ordre.
Le deux (2) signifie l'imprévu.
L'imprévu au sein de l'ordre
produit l'*éparpillement.*
Ceci est encore suggéré par la somme
des deux chiffres, le six (6), qui signifie l'incertitude et le conflit.
Image :
L'image de l'*éparpillement* est le **pollen** qui, s'éparpillant de
fleur en fleur, permet à la vie de se propager.

INTERPRÉTATION
Dans une situation de dispersion, les choses s'éparpillent comme
les feuilles au vent. Vous vous sentez parfois menacé, vous craignez de perdre votre équilibre et de vous retrouver dans une situation précaire. Voici l'occasion de développer votre ingéniosité et
votre générosité. L'*éparpillement* doit être considéré comme une
occasion pour vous de procéder à une purification, à un nettoyage, à une redistribution. Ce n'est pas le moment d'entreprendre de grands projets ni d'accumuler. Vous entrez plutôt
dans une période où il est propice de donner, d'aider, de partager
vos connaissances. Les signes de l'éclatement sont présents dans
la situation actuelle. Il est préférable que vous restiez prudent, que
vous travailliez à de petites choses, que vous vous attardiez aux
détails de la vie de tous les jours.

RÉFLEXION
Le Destin s'exprime par des cycles changeants, allant de l'ordre
au désordre. Après la stabilité vient inévitablement l'instabilité.
Toute famille finit par se dissiper, toute société, par se démem-
brer. L'*éparpillement* se situe entre l'ordre et le désordre : il annonce la fin du premier cycle et le début du second. Vus sous
cette perspective, vous pouvez accueillir avec sérénité les divers
événements qui se présenteront prochainement à vous, même s'ils
apparaissent, à maints égards, surprenants et déroutants.

CONSEILS
Distribuer, enseigner, faire éclater, disperser, dépenser, dissiper.

43 CÉLÉBRATION
☆ ☆ ☆ ☆

**LA CÉRÉMONIE
DE L'ORDRE**

Magie des chiffres :
Le quatre (4) signifie l'organisation.
Le trois (3) signifie l'activité.
Le sept (7), somme des deux chiffres, signifie la perfection.
Ainsi, quand l'activité est parfaitement organisée, elle invite à la *célébration*.

Image :
L'image de la *célébration* est le **banquet**. Il consacre, dans la joie et le cérémonial, le résultat d'une activité. Dans le banquet, chacun est uni aux autres dans un esprit de partage.

INTERPRÉTATION
Vous êtes concerné par une *célébration* ou par un événement dont la forme extérieure importe hautement. Il pourrait s'agir d'une *célébration* riche et lumineuse. Mais cet état de grâce que vous connaîtrez et que vous vivrez, soit à titre de spectateur, soit à titre d'acteur, sera passager. Vous devez néanmoins vous le permettre pleinement. Voici le temps d'embellir votre milieu, d'inventer un ordre de beauté et d'allégresse. L'important est que vous ne vous laissiez pas illusionner par la forme extérieure qui est toujours fugitive. Elle passera comme elle est venue. Mais comme toute *célébration*, elle vous marquera et vous rappellera que la vie peut être jeux et fête.

RÉFLEXION
Dans une *célébration*, l'accent est mis sur les apparences. Un rien peut créer un climat de festivité : une musique, une fleur, une présence. On oublie tout, les préoccupations, la fatigue, les responsabilités. On devient léger et la gaieté embellit tout autour de soi. Ainsi s'exprime l'abondance de la vie. Par la puissance de la fête, la tristesse peut se métamorphoser en joie.

CONSEILS
Célébrer, organiser une fête, développer un rituel, produire de la beauté, susciter de la joie, dépenser.

44 LOI ☆☆☆

LA RÉGLEMENTATION
DE L'ORDRE

Magie des chiffres :
Quand le quatre (4) de l'ordre se
répète, cela indique que l'ordre n'est
pas seulement pensé mais aussi **exé-**
cuté, d'où l'idée de *loi*.
Cette idée est renforcée par le chiffre huit (8) qui suggère la justice
sociale.
Image :
L'image de la *loi* est l'**épée**, symbole de ce qui tranche, décide
et exécute.

INTERPRÉTATION
Cette maison se rapporte aux questions d'ordre légal. Tout ce qui
concerne les règlements, les lois, les contrats, les ententes est à
l'ordre du jour. Il se peut que vous ayez une décision importante à
prendre ou qu'il faille trancher une affaire, signer un contrat ou un
bail. Il se peut aussi que vous négligiez une affaire ou que vous
contourniez une *loi*. Vous aurez possiblement à exercer une
sanction, à punir ou à récompenser quelqu'un de votre entourage.
De toute façon, cette maison indique un besoin d'être équitable et
juste. Tout ceci suppose que vous aurez besoin de balancer,
d'équilibrer une situation. Vous devrez faire preuve de beaucoup
de lucidité et d'équité.

RÉFLEXION
Il est ici question des différentes formes de lois : naturelles, sociales, juridiques. Chaque relation instaure en quelque sorte sa
propre *loi*. Mais il arrive que la relation évolue et que la *loi* actuelle semble périmée, désuète. Il est temps alors de la discuter et
d'établir un nouveau consensus. Si les règles du jeu ne vous conviennent plus, dans une relation, il faut voir à les modifier.

CONSEILS
Faire des règlements, faire régner l'ordre, rendre justice, décider,
corriger, punir, signer un contrat, appliquer la règle.

45 RÉFLEXION ☆☆☆

LA CONNAISSANCE
DE L'ORDRE

Magie des chiffres :
Le quatre (4) symbolise l'ordre.
Le cinq (5) symbolise la recherche.
Ainsi la *réflexion* est une recherche
organisée.
En plus, on obtient le neuf (9), somme des deux chiffres, qui
suggère la logique de la raison.
Image :
L'image de la *réflexion* est le **miroir**. De même que le miroir ré-
fléchit fidèlement l'objet qui est devant lui, ainsi la *réflexion* se
veut l'image fidèle de la réalité.

INTERPRÉTATION

Il est temps de mieux vous organiser et d'utiliser le pouvoir clari-
fiant de votre logique pour résoudre une difficulté. Il est important
que vous mettiez votre raison à l'œuvre dans cette situation. Vous
devez faire appel à un jugement objectif, à vos capacités ration-
nelles. Il vous faut procéder par étapes, faire un bilan de la situation, budgétiser, faire des projets d'avenir, construire des plans,
avancer systématiquement et vous donner une vision d'ensemble.
En faisant confiance aux pouvoirs de votre *réflexion* vous éprouverez un grand sentiment de sécurité. Un nouveau dynamisme en
surgira.

RÉFLEXION

Il y a un temps pour l'émotion, un temps pour le plaisir des sens,
un temps pour les vacances et un temps pour la *réflexion* logique. Le rôle de la *réflexion* est surtout de dépasser l'émotion
quand c'est nécessaire. Dépasser ne veut pas dire nier ni refouler,
car une logique pure ne serait que froide et inhumaine. Dans cette
perspective, la *réflexion* devient votre plus précieux outil.

CONSEILS

Faire un bilan, dresser des plans, comptabiliser, analyser, planifier, raisonner.

46 VOYAGE ☆☆

LA MIGRATION DE L'ORDRE

Magie des chiffres :
Le quatre (4) symbolise l'ordre et
l'organisation.
Le six (6) symbolise l'instabilité et
l'indécision.
On trouve ainsi l'idée du *voyage* qui
est l'organisation d'étapes dans l'instabilité.
La somme des deux chiffres est le dix (10) qui suggère le mouvement de la roue, le passage à une autre étape.
Image :
L'image du *voyage* est l'**oiseau migrateur**. Il n'a pas d'attache
prolongée. Il ne s'installe que pour repartir.

INTERPRÉTATION
Vous vous trouverez prochainement en situation transitoire. Cette
situation implique que vous ne devez pas vous engager à long
terme dans une affaire. Vous devez garder la mentalité du voyageur, rester complètement ouvert au milieu, complètement réceptif. Tous les sens du voyageur doivent être aux aguets : regarder,
écouter, sentir, toucher, goûter. Dans cette situation, vous ne devez pas oublier que vous n'avez qu'un point de vue provisoire sur
la question. Mais ce que vous perdez en certitude et en stabilité,
vous le gagnez en habileté et en adaptabilité. Vous avez beaucoup
à tirer d'une expérience de dépaysement. Cet état est exigeant
mais aussi très exaltant.

RÉFLEXION
Dans l'esprit de cette maison, voyager est un état d'âme. On n'a
pas d'attache. Tout est non permanent. Quand on navigue sur
l'océan de l'inconnu, on a avantage à se mettre en position
d'instabilité et d'ouverture. Après une mûre réflexion, suite à une
période de flottement, il est parfois utile de prendre quelque distance. Vous devez rester calme et ouvert de même que respectueux des formes qui vous entourent.

CONSEILS
Se déplacer, quitter un lieu, s'ouvrir à l'aventure, explorer, chercher, tenter de nouvelles expériences, partir en *voyage*.

47 ÉNERGIE ☆☆☆☆☆

L'ORIGINE DE L'ORDRE

Magie des chiffres :
Le quatre (4) signifie l'ordre des choses.
Le sept (7) signifie la perfection du mouvement.
D'où l'idée de l'*énergie* comme la source du mouvement parfait de l'ordre des choses.
La somme des deux chiffres est le onze (11) qui ajoute l'idée de la force intérieure de l'univers.
Image :
L'image de l'*énergie* est l'**atome**. Il constitue l'étoffe de l'univers entier et contient une énorme force.

INTERPRÉTATION
Le moment est venu pour vous d'entreprendre des projets à long terme. Vous pouvez vous permettre d'être ambitieux. Vous avez accumulé une grande *énergie* en termes de potentiel. Ce dynamisme intérieur semble venir du fait que vous avez apprivoisé et canalisé certaines forces de votre psychisme. Vous êtes chargé d'un grand pouvoir qui est prêt à se manifester. La force dont il s'agit n'est pas de celles qui donnent envie d'écraser ni de diminuer les autres mais plutôt de celles qui permettent d'unir les gens dans une entreprise bénéfique pour tous. Que ce soit dans votre travail, avec vos amis, en amour ou en affaire, vous détenez la clé d'un dynamisme capable de produire la réussite et de résister aux forces de division.

RÉFLEXION
Voici la maison du pouvoir. On a ici la capacité de diriger les autres, de les aider, de les influencer. Il s'agit d'une maison chargée de responsabilités. Toutefois, l'utilisation du pouvoir tourne parfois à la domination. Imperceptiblement, vous pourriez avoir tendance à manipuler ceux que vous influencez. Mais fondamentalement, l'*énergie* a pour fonction d'unifier les forces, de susciter les talents, de respecter les potentialités de chacun.

CONSEILS
Insuffler du dynamisme, influencer, diriger un projet, exercer du pouvoir, se ressourcer, travailler, chercher à unifier, produire.

48 AUTORITÉ ☆☆

Magie des chiffres :
Le quatre (4) symbolise l'organisation.
Le huit (8) symbolise la sagesse.
Ainsi on obtient l'*autorité* ou la sagesse qui maintient une organisation.
La somme des deux chiffres, le douze (12) indique la nécessité de s'abandonner à l'*autorité*, de sacrifier son intérêt personnel au profit du bien général.

Image :
L'image de l'*autorité* est le **bâton,** par exemple la houlette du berger, le sceptre du roi, la baguette du magicien.

INTERPRÉTATION

L'*autorité* signifie que l'on doit prendre en main une situation. Pour le moment, il n'est pas approprié de vous soumettre. Vous devez commander. L'*autorité* est une force qui appartient à tous. Vous devez apprendre à vous faire respecter et à assumer totalement la responsabilité de la situation. Exercer de l'*autorité* n'implique pas qu'on devienne autoritaire au sens négatif du terme. Il ne s'agit pas d'écraser les autres, mais, au contraire, de cultiver leur force pour le bien de l'ensemble. Vous ne devez pas craindre de diriger la situation et d'exiger la collaboration de tous. Dans cette maison, le Destin guide la personne qui sait prendre des responsabilités.

RÉFLEXION

Le mot *autorité* veut dire devenir l'auteur de quelque chose. La personne d'*autorité* est celle qui accepte le fait de créer une œuvre: un enfant, une entreprise, une maison, un projet. Elle accepte la responsabilité de diriger, de superviser, d'animer. Avoir de l'*autorité*, ce n'est pas seulement être investi d'un pouvoir légal ou social, mais c'est, plus profondément, dégager une force intérieure, un magnétisme qui commande immédiatement le respect. Dans cette maison, on attend beaucoup de vous.

CONSEILS

Commander, stabiliser, réglementer, superviser, surveiller, accepter une responsabilité, diriger.

51 INEXPÉRIENCE ☆☆☆

LE DÉBUT DU CONTACT

Magie des chiffres :
Le cinq (5) symbolise la générosité et l'ouverture.
Le un (1) symbolise le début.
La somme des deux chiffres est le six (6) qui signifie l'hésitation.
Quand on s'ouvre généreusement mais avec hésitation à ce qui débute, on connaît l'état d'*inexpérience*.

Image :
L'image de l'*inexpérience* est l'**oisillon** : sur la branche, il hésite à s'envoler à cause de son manque d'expérience. Pourtant, il est irrésistiblement poussé à le faire.

INTERPRÉTATION
On peut entrer dans la maison de l'*inexpérience* à n'importe quel moment de la vie. Une situation tout à fait nouvelle vous placera dans cet état. Vous ne pourrez pas vous fier à l'expérience passée. Vous ne pourrez pas compter sur vos habitudes, vos opinions, vos principes. Vous devrez tout simplement affronter la nouveauté. L'état d'innocence est d'un précieux secours. On pardonne facilement à la personne inexpérimentée. Vous devrez vous montrer attentif, désireux d'apprendre, toutes antennes dressées. Fiez-vous à votre instinct. Ne craignez pas de consulter, de demander conseil, de questionner, de vous mettre à l'école d'un guide. Il est donc conseillé de chercher une personne d'expérience par rapport à la situation. Cette personne saura orienter votre action.

RÉFLEXION
Voici la maison de la jeunesse inexpérimentée. En reconnaissant son ignorance, on garde un cœur jeune. On s'ouvre à des horizons insoupçonnés et on peut se laisser guider par la situation. Si vous restez réceptif, vous avez de bonnes chances de tirer le meilleur parti de cette situation. Votre ignorance pourra alors se transformer en connaissance. Vous retirerez beaucoup de cet état.

CONSEILS
Apprendre, s'instruire, chercher des conseillers, reconnaître son ignorance, questionner, risquer, essayer.

52 ÉMOTION ☆☆

Magie des chiffres :
Le cinq (5) exprime l'idée de contact.
Le deux (2) symbolise la profondeur.
Ainsi, on obtient l'*émotion* qui est le
contact avec la profondeur.
Ensuite se produit le sept (7) de l'harmonie de la vie émotive.
Image :
L'image de l'*émotion* est le **trésor**. Il reste caché longtemps
mais, un jour, on le découvre et on le montre.

INTERPRÉTATION
Vous vous trouvez actuellement dans la maison de l'*émotion*.
Une situation vous mettra sous peu en état d'explorer vos sentiments. Vous découvrirez des choses insoupçonnées. Certains aspects de la personnalité ne se révèlent que dans des circonstances
particulières. L'activité quotidienne et les habitudes les endor-
ment. Mais une rencontre, une remarque, une expérience peuvent
les réveiller. Une colère ancienne ou, au contraire, une tendresse
inavouée pourront surgir à cette occasion. Vous ne devez pas
craindre de vous laisser aller à cette *émotion*. Cela vous permettra
d'être davantage présent à la situation.

RÉFLEXION
On est ici dans la maison des émotions. La colère et la tendresse
servent d'exemples parce qu'elles sont souvent considérées
comme des forces à vaincre ou à contenir. Comme toute *émotion*,
elles représentent un surcroît d'énergie. Elles permettent de créer
une distance nécessaire, de clarifier l'atmosphère, d'affirmer une
position, de prendre des distances ou, au contraire, de rapprocher. Mais la juste expression de l'*émotion* est souvent difficile à
atteindre. Exprimée avec cœur, avec le respect de vous-même et
des autres, elle vous permettra une grande ouverture et vous apportera une satisfaction profonde.

CONSEILS
Exprimer ses émotions, être attentif aux humeurs, s'ouvrir aux re-
marques des autres, garder le sens de l'humour, s'affirmer.

53 RÉPÉTITION ☆☆

LA STABILITÉ
DU CONTACT

Magie des chiffres :
Le cinq (5) exprime l'union.
Le trois (3) exprime le mouvement.
En plus, le huit (8) qui est la somme
des deux chiffres ajoute l'idée du re-
tour de la même chose ou de la *répétition*. Quand le mouvement
s'unit au mouvement, on obtient la *répétition*.

Image :
L'image de la *répétition* est la **marée** qui reprend inlassablement
son mouvement, toujours le même. Ce qu'elle répète est cependant toujours différent.

INTERPRÉTATION

Tout semble indiquer qu'on a affaire ici à une situation de *répétition*. Un geste, une idée, un comportement se répètent à votre
insu. Imperceptiblement, cela finit par ressembler à une période
déjà vécue. Bien sûr, il y a quelque chose d'ennuyeux dans cette
perspective. Voilà pourquoi vous devez être attentif à ce qui se
répète dans la situation. Cette maison indique aussi qu'il est nécessaire de revenir, de recommencer, de reprendre quelque chose.
S'il est important de répéter, c'est parce que quelque chose n'a
pas encore complètement été vécu. Vous ne devez pas vous décourager. Cette étape est inévitable pour aller plus loin.

RÉFLEXION

L'ennui n'est pas une expérience nécessairement négative. Il survient uniquement quand on ne porte plus attention à ce qu'on fait.
C'est en répétant les mêmes gestes que le musicien perfectionne
son art, mais à condition que la *répétition* des gestes soit accom-
pagnée de motivation, d'amour, d'attention et d'intérêt. Vous ne
devez pas vous faire prendre au piège de vouloir un changement
immédiat et radical de la situation. Vous avez encore à apprendre
en répétant certains gestes afin de pouvoir effectivement découvrir
de la nouveauté.

CONSEILS

Revenir, recommencer, retourner, perfectionner, reprendre, répéter, refaire, affronter l'ennui, examiner les routines.

54 EFFORT ☆☆☆

L'INTENSITÉ DU CONTACT

Magie des chiffres :
Le cinq (5) indique l'énergie.
Le quatre (4) indique l'ordre.
Ainsi vient l'idée de l'*effort* qui concerne l'énergie en vue de constituer un ordre.
La somme des deux chiffres est le neuf (9) qui suggère en outre l'idée du travail au cœur de l'*effort*.

Image :
L'image de l'*effort* est le **poussin**. Le poussin dans l'œuf fait un immense *effort* de vie pour faire éclater sa coquille et venir au monde.

INTERPRÉTATION

Il semblerait que vous soyez actuellement confronté à un obstacle. Il y aura un *effort* à produire. Ce n'est pas le moment de relâcher l'action même si vous devez faire certains sacrifices. Quelque chose est en train d'arriver. Est-ce un enfant, un amour, une idée, une proposition, un projet? Ce qui est certain, c'est que ça vient. Vous le sentez peut-être d'ailleurs. Mais ce qui se produit n'arrive pas magiquement. C'est le résultat de gestes répétés et d'une volonté arrêtée. Les temps sont favorables même si vous rencontrez des difficultés. Vous pouvez continuer d'agir sans crainte. Vous devez vous attaquer à ce qui reste à faire avec patience et détermination. La réussite est proche.

RÉFLEXION

Dans sa coquille, le poussin vit et se développe. Mais il doit produire un immense *effort* pour briser l'œuf. Il pousse avec *effort* pour entrer dans la vie. Vous vous trouvez dans une situation similaire. Voici la maison du travail et de la volonté. Les choses ne se feront pas toutes seules. Vous devez y consacrer du temps et de l'énergie. Une grande détente s'annonce au terme de l'*effort*.

CONSEILS

Pousser, vouloir, se concentrer, travailler, persévérer, faire des essais, faire naître, assister.

55 COMMUNAUTÉ
☆ ☆ ☆ ☆

LE CONTACT SOCIAL

Magie des chiffres :
Le cinq (5) est le chiffre de la générosité et de l'engagement social d'où l'idée de la *communauté* comme engagement de chaque membre dans la générosité.
Le dix (10) qui est la somme des deux cinq (5), signifie en outre le changement de Destin que suscite un tel engagement.

Image :
L'image de la *communauté* est la **ruche**. L'esprit de coopération est la loi même de la vie des abeilles et de toute vie sociale. Chacun y exerce une activité spécifique. La vie de tous dépend de l'activité de chacun.

INTERPRÉTATION
Vous avez avantage, en ce moment, à reléguer vos préoccupations personnelles à un second plan. Il importe que vous concentriez votre attention sur votre milieu. Vous avez beaucoup à apprendre et à retirer d'un mouvement d'ouverture vers les autres. Que ce soit à propos de questions d'ordre politique, familial ou social en général, votre opinion exercera une certaine influence. N'hésitez pas à la faire valoir. Si vous êtes amené à occuper une position de leader, vous devrez travailler à mettre en valeur les talents et les ressources de chaque membre. Si, au contraire, vous devez occuper une position de second plan, prenez-la au sérieux.

RÉFLEXION
Créer une *communauté* est une entreprise délicate et importante. Elle exige une conscience sociale et une acceptation de soi-même, sans quoi on ne fait que construire sur du sable mouvant. La conscience sociale se manifeste par le goût de participer, de coopérer, de donner de soi, de reconnaître les talents de chacun, de fournir le maximum, d'harmoniser les buts personnels et les intérêts collectifs. Vous retirerez une grande satisfaction en prêtant votre concours et votre soutien à une œuvre.

CONSEILS
Participer, coopérer, s'engager, respecter les autres, donner, être responsable, relier, socialiser.

56 SÉDUCTION ☆☆☆

Magie des chiffres :
Le cinq (5) représente l'amour.
Le six (6) représente la dualité.
D'où l'idée de la *séduction* comme
force d'amour entre deux personnes.
Le chiffre onze (11) ainsi produit
ajoute l'idée de l'attraction des sexes.

Image :
L'image de la *séduction* est l'**aimant**. Comme lui, les corps
s'attirent ou se repoussent selon le principe universel de l'attraction.

INTERPRÉTATION

Voici la maison du magnétisme qui s'exerce d'un corps sur un autre. Cela dépasse la volonté individuelle. Tout indique que vous
serez pris par la danse universelle du désir. Vous serez propulsé
vers un autre être par une force mystérieuse. Il est tout naturel que
vous vous laissiez influencer par le jeu de la *séduction*. Bien en-
tendu, il se peut que ce jeu ne concorde pas avec vos principes ra-
tionnels, sociaux ou religieux. Vous devrez néanmoins reconnaître que vous en êtes affecté. Cela ne veut pas dire que vous ré-
pondrez inconsidérément à tout ce qui se présentera à vous. Les
influences extérieures sont nombreuses. Il est inévitable que vous
en soyez dépendant dans une certaine mesure. Vouloir tout
contrôler ne vous apporterait que répétition et rigidité.

RÉFLEXION

Les pôles opposés s'attirent. L'attraction sexuelle en est un exemple. La *séduction* des corps et des cœurs ébranle souvent les
principes moraux les plus solides. Cela n'est possible que si l'on
accepte de se laisser déboussoler. Sans qu'il soit nécessaire de
vous jeter dans les bras de la première personne venue, vous pouvez quand même faire preuve d'une certaine réceptivité en accep-
tant les événements qui se présenteront à vous. Ce principe d'attraction vous arrachera à la tiédeur et à la routine.

CONSEILS

Se rendre séduisant et charmant, sourire, aller vers les autres, se
laisser aller à son désir, se laisser prendre au côté léger de la situation.

57   DANGER

Magie des chiffres :
Le cinq (5) indique la générosité, le don de soi.
Le sept (7) suggère l'harmonie et le bienfait.
En soi, le mouvement semble donc bénéfique. Pourtant, il engendre le douze (12) de l'épreuve. D'où l'idée du *danger* comme situation imprévue.
Image :
L'image du *danger* est le **champ miné.** Celui qui marche dans un tel champ, sans savoir qu'il est miné, se croit en sécurité. Il est pourtant entouré par le *danger.*

INTERPRÉTATION

Seul celui qui ne risque rien évite le *danger.* Dès qu'on abandonne le confort, l'ennui et la stagnation, il y a une ouverture naturelle. Le *danger* qui se présente ici offre la possibilité de produire une nouvelle situation. Vous pourrez donc considérer cette occasion comme un défi. Ce moment vous permettra de tirer le meilleur de vous. Mais cette situation reste périlleuse. L'important, en temps de *danger*, est de ne pas céder à la panique, de garder toutes ses antennes en alerte. Vous ne devrez donc pas fuir le problème, il ne ferait que rebondir plus tard. En temps de *danger*, on a la double possibilité d'explorer ses forces et ses limites et, en même temps, de tenir compte des besoins des autres. La période de *danger* ne vient jamais inutilement. On finit toujours par comprendre à la longue pourquoi elle est venue.

RÉFLEXION

Sans risque, la vie serait fade et sans goût. Cela ne veut pas dire qu'il faille provoquer le *danger*. La vie quotidienne s'en charge. Tout *danger* peut, par ailleurs, être évité ou neutralisé. Votre attitude oriente le cours des événements dans un sens ou dans l'autre: la panique ou le contrôle. Il importe que vous sachiez évaluer la situation avec lucidité.

CONSEILS

Affronter le péril, relever le défi, accepter la difficulté, manifester du courage, rester calme et alerte.

58 ATTACHEMENT

☆ ☆ ☆ ☆ ☆

LE CONTACT
AVEC LE SENTIMENT

Magie des chiffres :
Le cinq (5) de la générosité rencontre
le huit (8) de la sagésse.
Ainsi on obtient l'*attachement* qui est
la sagesse de la générosité. La somme
des deux, le treize (13) ajoute l'idée du détachement de soi qui est
indispensable dans toute forme de relation.
Image :
L'image de l'*attachement* est le **cœur,** carrefour de la vitalité humaine, là où passe le flux de la vie, là où l'amour se situe.

INTERPRÉTATION
À première vue, l'entreprise dans laquelle vous rêvez de vous lancer pourrait paraître impossible. Comment pouvez-vous faire fondre la glace et établir les premiers contacts? Vous devez vous demander quel est le plus court chemin qui conduit le plus sûrement au cœur de la situation pour ne pas risquer de vous éparpiller. Dans l'esprit du Destin, cette maison concerne davantage les affaires de cœur. Vous auriez avantage à faire preuve de tendresse, de compréhension et de générosité. Vous ne devez pas vous fermer à la situation ni couper la communication. Il serait préférable, au contraire, que vous questionniez ce qui vous empêche de rester disponible et qui vous retient devant ce projet.

RÉFLEXION
Cette maison comporte un caractère religieux. Le mot religion vient d'un mot latin qui veut dire : se relier. Être religieux, c'est donc se relier à tout ce que l'on est. Une personne mûre reçoit la capacité d'unir ce qui est séparé, de dissoudre ce qui est rigide, de rectifier ce qui est tordu. Elle établit le contact avec la réalité. Vous allez bientôt prendre contact avec une très forte source d'énergie qui vous permettra de raffermir les liens avec des personnes qui vous sont chères. Ce sera peut-être l'occasion de renouer certains liens défaits.

CONSEILS
Unir, se comprendre, s'accepter, méditer, donner, communiquer, recevoir, aimer, accorder du temps à la vie affective.

61 ÉQUILIBRE ☆☆☆☆

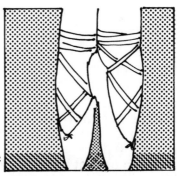

LA NEUTRALISATION
DE L'AMBIVALENCE

Magie des chiffres :
Le six (6) indique l'ambivalence.
Le un (1) indique la création.
La création de l'ambivalence suggère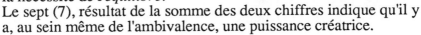
la nécessité de l'*équilibre*.
Le sept (7), résultat de la somme des deux chiffres indique qu'il y a, au sein même de l'ambivalence, une puissance créatrice.
Image :
L'image de l'*équilibre* est le **danseur**. Il est en constante mobilité, mais il n'est jamais en état de déséquilibre.

INTERPRÉTATION
La question indique que vous êtes à la recherche d'un nouvel *équilibre*. Il se peut que vous ayez été déstabilisé par certaines difficultés. Mais cette situation est inspirante. Elle peut même vous amener à créer un climat d'harmonie. Vos gestes, votre comportement, votre expression vont maintenant s'imprégner d'un charme particulier. Vous pourrez émouvoir les autres par le simple éclat de votre personnalité équilibrée. Vous vous sentirez disposé à faire de votre vie une réussite sur tous les plans. Vous aurez la capacité d'entraîner les autres. Voilà pourquoi vous devez faire confiance à votre intuition. Laissez-vous aller à de l'enthousiasme mais conservez votre calme. Vous serez l'image de l'*équilibre*, comme l'est le mouvement gracieux du chat qui sait retomber sur ses pattes en toutes circonstances.

RÉFLEXION
Tous les muscles du corps du danseur sont au service d'une harmonie intérieure. Tout en lui contribue à l'unité. Voilà pourquoi il ne faut pas voir l'*équilibre* comme un état immobile, mais comme le parfait balancement entre le dynamisme et l'immobilité. Voici la maison du musicien, de l'artiste. Non seulement celui qui en fait profession mais de quiconque fait de sa vie une musique, un art. Cette maison vous est particulièrement favorable.

CONSEILS
Unir les contraires, balancer, équilibrer, harmoniser, éviter les extrêmes, budgétiser.

62 ÉPREUVE ☆

LA PROFONDEUR DE L'AMBIVALENCE

Magie des chiffres :
Le six (6) indique l'hésitation.
Le deux (2) indique l'inconnu.
On obtient ainsi l'idée de l'*épreuve* :
l'hésitation qui survient devant l'inconnu. Après l'*épreuve,* revient l'équilibre, symbolisé par le huit (8), somme des deux premiers chiffres.
Image :
L'image de l'*épreuve* est la **tempête**. Elle arrive subitement, crée le désordre et peut mettre les gens et les biens en péril.

INTERPRÉTATION

Vous traverserez prochainement une période troublante de votre vie. Vous aurez peut-être l'impression qu'une force maléfique joue à votre insu. Vous devez vous préparer à affronter une *épreuve*. Ce qui arrivera vous paraîtra imprévisible et inévitable. Vous aurez l'impression qu'il s'agit d'un sortilège. «Qu'ai-je fait au sort?» serait une réaction typique. Cet événement sera une sorte d'avertissement, le signal que quelque chose a été négligé ou oublié. Ainsi, vous ne devrez pas rester passif devant le coup du Destin. L'*épreuve* doit stimuler l'esprit actif et créateur. Une force intérieure que vous ne connaissiez pas va pouvoir se manifester à cette occasion.

RÉFLEXION

Quand l'*épreuve* est abordée correctement, elle devient une immense source d'inspiration. Il est capital de ne pas noyer l'occasion dans des comportements de fuite ou de panique. L'*épreuve* aurait été inutile. Il est toujours préférable d'aller à la source du mal. Vous ne devrez pas tourner le dos et prendre la fuite. L'obstacle ne sera pas détruit magiquement. Voici l'occasion de faire appel à votre intelligence. Au besoin, demandez de l'aide. Cette *épreuve* vous permettra de reprendre contact avec une réalité que vous aviez oubliée.

CONSEILS

Manifester du courage, garder sa présence d'esprit, stimuler les autres, faire preuve d'imagination, réfléchir.

63   COMPRÉHENSION
☆ ☆ ☆ ☆

LA PÉNÉTRATION
DE L'AMBIVALENCE

Magie des chiffres :
Le six (6) indique l'ambivalence.
Le trois (3) suggère le mouvement de
la connaissance.
Quand la conscience perce l'ambiva-
lence, elle découvre, pleine d'étonnement, la vérité.
La somme des deux chiffres est le neuf (9) qui symbolise l'état de
maturité nécessaire pour arriver à la *compréhension*.
Image :
L'image de la *compréhension* est le **lac**. Quand il est calme, il
réfléchit tout ce qui est au-dessus de lui. Quand il est agité, il re-
mue ce qui est en dessous. Il manifeste sa propre confusion.

INTERPRÉTATION
Vous devez renoncer à expliquer une situation dans laquelle vous
ne voyez pas clair pour l'instant. Il se peut qu'un trouble intérieur
vous empêche de voir la vérité. Ni l'introspection ni le raisonnement ne pourraient être de quelque secours en l'occurrence. La
vérité qui vous concerne est cachée dans l'ombre de trop de dis-
cussion. Ce que vous ignorez oriente néanmoins votre comportement. En fait, vous semblez dominé par une force inconnue.
Vous n'y pouvez pas grand-chose pour l'instant. Lorsque vous
aurez pris quelque distance, certains éléments vous apparaîtront
avec une grande clarté. Pour l'instant, vous êtes encore trop près
et trop impliqué pour pouvoir saisir le sens de ce qui vous arrive.

RÉFLEXION
On pourrait croire que la réflexion traduit clairement la réalité.
Toutefois, ce n'est pas toujours le cas. Voilà pourquoi vous avez
avantage, pour le moment, à taire le discours que vous vous tenez
à vous-même à propos de questions que vous vous posez. La
compréhension de la situation ne se fera que graduellement, par
étapes. Chacune de ces étapes demande une période d'assi-
milation en vue de préparer le moment suivant. Il est inutile de
vous précipiter.

CONSEILS
Se taire, s'arrêter, observer en silence, approcher par le cœur, reposer la pensée, inspecter, contempler.

64 DOUTE ☆☆

LA NAISSANCE
DE L'AMBIVALENCE

Magie des chiffres :
Le six (6) signifie l'hésitation.
Le quatre (4) signifie l'ordre logique.
On obtient ainsi le *doute* qui est l'hésitation devant l'ordre établi.
La somme des deux chiffres est le dix (10) qui suggère que le *doute* permet de passer à une autre étape.

Image :
L'image du *doute* est la **girouette**, ce coq en métal qui virevolte à tous les vents, symbole de l'inconsistance et de l'hésitation.

INTERPRÉTATION

Vous traverserez prochainement une crise d'insécurité. Vous vous sentirez hésitant et vous aurez tendance à discuter avec vous-même; par voie de conséquence, vous serez en conflit plus ou moins ouvert avec les autres. Vous aurez sans doute le sentiment que les obstacles qui empêchent le progrès sont externes, engendrés par l'incompréhension et l'opposition des autres. Ce n'est pas du tout le cas dans les circonstances actuelles. L'état de dualité est d'abord en vous. Vous trouverez facilement plus d'un bouc émissaire. Mais rien ne sera fondamentalement changé tant que vous ne reconnaîtrez pas que le *doute* est d'abord un état intérieur. La guerre est intestine. Vous aurez beau trouver autant de coupables qu'il y a de personnes dans votre entourage, vous ne réglerez rien. Le seul choix vraiment efficace est celui-ci : chercher en vous la cause du malaise.

RÉFLEXION

Le *doute* vient d'un discours intérieur qu'on se tient. La pensée tourne à gauche, puis à droite. Elle est en conflit avec elle-même. Le *doute* est utile lorsqu'il s'agit des problèmes extérieurs, de discussions avec les autres. Mais il accroît l'insatisfaction lorsqu'il porte sur la vie intérieure. Il importe que vous ne vous laissiez pas gagner par ce type de *doute*. Oubliez la situation pendant un certain temps et faites autre chose.

CONSEILS

Changer d'opinion, questionner, discuter, raisonner, décider, comparer des points de vue, reprendre confiance.

65 AMOUR ☆☆☆☆☆

LA SOLUTION
DE L'AMBIVALENCE

Magie des chiffres :
Le chiffre six (6) signifie qu'il y a
dualité.
Le chiffre cinq (5) signifie qu'il y a
unité.
Ainsi, quand deux êtres se fondent en un, il y a l'*amour*.
Alors se dégage une immense force symbolisée par le chiffre onze
(11).
Image :
L'image de l'*amour* est le **feu**. Il détruit les impuretés, il donne la
chaleur, il se nourrit lui-même d'un carburant qu'il peut consu-
mer.

INTERPRÉTATION
Vous cherchez à harmoniser les multiples aspects d'une situation.
Vous n'y arriverez qu'en faisant preuve d'une grande compréhension et d'*amour*. Vous devrez réussir à équilibrer les échanges
avec une autre personne. Cette personne possède des qualités
complémentaires aux vôtres. Elle est plus active, plus raisonna-
ble, plus affectueuse à moins que ce ne soit l'inverse. Dans un cas
comme dans l'autre, elle vous procure ce qui vous fait défaut.
L'état d'*amour* est un perpétuel mouvement, une danse des contraires, une harmonie supérieure. En vous y abandonnant, vous
découvrirez que vos doutes vous retenaient indûment.

RÉFLEXION
L'*amour* est le mystère originaire, le plus grand de tous les
mystères. Il est l'énergie universelle qui précède, pénètre et dépasse toute chose. Il transfigure et transforme en événement
unique les situations les plus banales. Vous ne devez pas craindre
l'état d'abandon qu'exige une relation pleine et épanouissante.
Laissez-vous aller, au risque même d'y perdre quelques plumes.

CONSEILS
Donner, s'ouvrir, recevoir, unifier, rendre intime, s'oublier,
s'abandonner, garder confiance.

66 REPOS ☆☆

L'ARRÊT DE L'AMBIVALENCE

Magie des chiffres :
Le six (6) est le chiffre de l'ambiguïté et de l'immobilité.
Ainsi, le double six (6) signifie le *repos* ou l'arrêt de l'ambiguïté.
En plus, le douze (12) signifie que l'immobilité favorise la méditation.
Image :
L'image du *repos* est le **hamac**. Il se balance doucement de droite à gauche. Il incite au *repos* et à la détente.

INTERPRÉTATION
Vous auriez avantage à vous arrêter pour observer la situation en silence et découvrir l'origine d'un problème. Ce besoin de vous arrêter heurte cependant votre milieu. Il vous faut non seulement ralentir physiquement, mais aussi détendre votre pensée et votre imagination. Le *repos* n'est pas qu'arrêt et sommeil. Une immense énergie continue de travailler à un autre niveau. C'est le tourbillon des pensées qui cause l'excitation, la nervosité et le stress. Voici l'occasion de faire une halte, d'examiner la situation avec calme. Vous devez vous ressourcer. Vous pourrez repartir par la suite. Mais pour l'instant, ce qui compte, c'est de faire une pose, de reprendre votre souffle.

RÉFLEXION
Celui qui vivrait dans un mouvement perpétuel ressemblerait à l'eau bouillante qui finit par s'évaporer complètement et qui laisse l'organisme desséché et déshydraté. Pourtant, la maison du *repos* n'est pas celle de la stagnation. Ce qu'on arrête déclenche automatiquement un mouvement à un autre plan. Le mouvement extérieur est ralenti momentanément au profit d'un travail qui se fait ailleurs. Vous ne devez pas fuir cet état. Au contraire, il importe que vous y entriez pleinement.

CONSEILS
S'asseoir, se reposer, se retrouver, se calmer, se détendre, se ressourcer, s'observer.

67 DEUIL ☆

LA SUPPRESSION
DE L'AMBIVALENCE

Magie des chiffres :
Le six (6) indique l'ambivalence,
l'épreuve.
Le sept (7) indique l'harmonie.
Ainsi on a le *deuil* comme étant la perte de l'état harmonieux.
L'idée du *deuil* est renforcée par l'addition des deux chiffres qui
donne le treize (13) lequel symbolise la mort.
Image :
L'image du *deuil* est la **faux**. D'un geste énergique, la faux
coupe le blé quand il est mûr. Ainsi le cycle de la vie peut conti-
nuer et les êtres peuvent être nourris.

INTERPRÉTATION
Quelque chose est en train de se terminer dans la situation. Il est
important que vous l'acceptiez. C'est ce qui s'appelle faire un
deuil. Cela veut dire se détacher, laisser tomber, accepter la fin,
renoncer. On peut faire le *deuil* d'une personne chère, d'une amitié, d'une possession, d'une situation. Faire le *deuil*, c'est passer
par une certaine tristesse et l'exprimer. Une juste expression de
vos sentiments fait partie de cette expérience. Vous ne devez pas
laisser la nostalgie et les regrets vous hanter. Il convient que vous
liquidiez activement cette situation ou les éléments de celle-ci qui
vous immobilisent. Vous ne devez pas perdre de vue que toute
mort engendre automatiquement une nouvelle vie.

RÉFLEXION
Quand quelque chose meurt, c'est qu'une vie nouvelle est prête à
surgir. La mort n'est pas seulement celle des corps. Cette mort-là,
la dernière, se prépare par une série de petites morts successives.
Chaque jour quelque chose finit et quelque chose commence. Il
est important que vous viviez positivement cette étape. Ses côtés
difficiles ne doivent pas vous décourager. Il est nécessaire que
vous découvriez ce qui cherche à naître parallèlement. Il faut faire
de la place pour ce qui vient.

CONSEILS
Partir, achever, terminer, exprimer sa tristesse, quitter, se détacher, recommencer, revivre.

68 ANGOISSE

L'AMBIVALENCE INTÉRIEURE

Magie des chiffres :
Le six (6) signifie le conflit.
Le huit (8) suggère l'équilibre, d'où
l'idée de l'*angoisse* qui est un conflit
intérieur cherchant à s'équilibrer.
La somme des deux chiffres est le
quatorze (14) symbolisant la communication : il faut communiquer avec l'*angoisse* pour s'en libérer.
Image :
L'image de l'*angoisse* est la **nuit**. On n'y voit plus rien, on se sent perdu, on a peur. On attend le jour et sa lumière.

INTERPRÉTATION
Un événement semble provoquer de l'inquiétude. Il se pourrait même qu'il suscite de l'*angoisse*. Cela peut se manifester sous forme de simple anxiété passagère, de panique ou de dépression. Il arrive que l'on ignore la cause de cette étrange sensation. Elle vient en fait d'un mélange de peurs anciennes et de préoccupations actuelles. Vous éprouverez sans doute un sentiment de confusion et peut-être même d'abattement. Bien que cet état soit rebutant, vous ne devez pas le fuir en vous évadant dans des artifices. Mais vous ne devez pas non plus prolonger cette situation dans laquelle vous êtes affaibli. Restez à l'écoute de cette émotion tout en cherchant à la surmonter. Au besoin, consultez une personne de ressources.

RÉFLEXION
L'*angoisse* est un signal du corps et de l'esprit. Elle indique qu'une nouvelle force cherche à s'exprimer. Du même coup, elle pousse à s'agripper au passé. C'est en passant par la crise de l'*angoisse* que chaque individu débouche sur une nouvelle compréhension. Voici une étape importante, un moment capital : une descente en enfer et une merveilleuse promesse de libération. Il est recommandé de se confier à un ami. Ne restez pas seul avec cette difficulté même si elle n'est que passagère.

CONSEILS
Ne pas combattre son état, marcher, dormir, ne faire que de petites choses, parler, se confier.

71 QUOTIDIEN ☆☆☆

**LA PERFECTION
DU MAGICIEN**

Magie des chiffres :
Le sept (7) signifie l'harmonie.
Le un (1) signifie la magie qui com-
mence.
Ainsi on a l'idée du *quotidien* comme
scène magique où tout recommence sans cesse.
Le huit (8) ainsi obtenu renforce ce point de vue en ajoutant l'idée
que l'équilibre se trouve dans ce qui se répète.
Image :
L'image du *quotidien* est le **soleil** qui se lève chaque jour et se
couche chaque soir, répétant interminablement son cycle.

INTERPRÉTATION

Le moment n'est pas encore venu de réaliser de grandes choses.
Vous devez vous concentrer sur les activités les plus ordinaires.
Vous êtes dans la maison du rituel *quotidien* . Vous ne devez pas
fuir les gestes de chaque jour, même s'ils vous apparaissent in-
sensés. Il semblerait que la question que vous posiez se ramène
au niveau du *quotidien*. Il vous faut progressivement redonner un
sens aux banalités de tous les jours : dormir, se laver, faire des
courses, préparer les repas, travailler. Tout semble indiquer que
vous aviez désinvesti ce domaine dans l'espoir de trouver ailleurs
les éléments piquants de votre vie.

RÉFLEXION

Habituellement, on ne tient pas le *quotidien* ni l'ordinaire en
grande estime. C'est généralement le lieu du stress, de l'ennui, de
la monotonie, des responsabilités. Puis, on cherche à se libérer de
ce poids en s'organisant une vie en marge. On passe ainsi à côté
de bien des aspects essentiels de l'existence, car l'univers entier
peut tenir dans un mot, un visage, un geste. Vous devez redé-
couvrir la magie du *quotidien*. Vous devez chercher à dépasser les
petites difficultés qui parsèment la vie de tous les jours. Votre entourage compte beaucoup sur vous.

CONSEILS

Se concentrer sur le présent, régler des affaires courantes, s'occuper de tâches quotidiennes et y ajouter une touche de fantaisie.

72 MATURITÉ ☆☆☆☆

**LA PERFECTION
DE LA CROISSANCE**

Magie des chiffres :
Le sept (7) signifie la perfection.
Le deux (2) signifie la profondeur.
La *maturité* est ainsi considérée comme l'âge où l'individu manifeste la perfection et la profondeur.
La somme des deux chiffres est le neuf (9) qui symbolise la *maturité* acquise avec le temps.
Image :
L'image de la *maturité* est le **fruit**. Lorsqu'il est mûr, il atteint la perfection. Il est apte à nourrir ceux qui le prennent.

INTERPRÉTATION
Cette maison fait référence à un problème de responsabilité. Vous connaîtrez sous peu une situation de changement. Beaucoup de choses changent autour de vous, beaucoup de sentiments se développent. Vous avez un rôle important à jouer dans une situation où vous vous impliquez de plus en plus. Vous aurez des décisions à prendre, des opinions à faire partager, des tâches à accomplir, de l'enthousiasme à répandre. Vous vous retrouverez en quelque sorte le pilier de cette affaire. Votre position en est une de première importance puisqu'une bonne part du projet reposera sur vous. Vous ne pourrez pas compter sur les autres. Il n'y a rien à attendre de l'extérieur.

RÉFLEXION
La *maturité* ne doit pas être considérée comme une attitude contrôlante, raide et hautaine à l'égard des autres. Elle est plutôt la capacité de reconnaître la réalité pour ce qu'elle est et la force de s'adapter aux conditions présentes. Elle signifie : ne pas déverser ses problèmes sur les autres, assumer sa vie entière. Reconnaître ses possibilités et ses limites, se voir et s'accepter tel qu'on est. Vous entrez dans une phase qui vous dispose à avoir un meilleur contrôle sur votre vie.

CONSEILS
Assumer ses responsabilités, répondre de soi, accepter son âge, rendre service, respecter les autres tels qu'ils sont.

73 INITIATIVE ☆☆☆

LA PERFECTION
DU MOUVEMENT

Magie des chiffres :
Le sept (7) signifie l'excellence.
Le trois (3) indique l'action.
Ainsi on obtient l'idée de l'*initiative*
comme excellence de l'action.
La somme des deux chiffres donne le dix (10) qui symbolise le
point tournant produit par le geste de l'*initiative*.
Image :
L'image de l'*initiative* est la **flèche**. Il faut viser juste, lancer au
moment précis, agir avec rapidité et viser le cœur même de la
cible.

INTERPRÉTATION
Le moment est venu pour vous d'agir énergiquement et rapidement. Il n'est plus possible d'attendre, d'hésiter, de réfléchir ni de
reculer. Il vous faut prendre une *initiative*. Les quelques obstacles
qu'il vous reste à affronter demandent une prise de position claire
et sans compromis. Si vous êtes en position d'autorité, il importe
que vous utilisiez tous les moyens dont vous disposez pour atteindre votre but. Ne pas prendre l'*initiative* serait une grave erreur.
Si vous ne détenez pas encore le contrôle, il est impératif que
vous vous engagiez. Lancez-vous dans l'action. Toutes les conditions sont en place pour garantir le succès d'un projet que vous
entreprendriez maintenant. N'hésitez pas : foncez.

RÉFLEXION
Il y a un temps pour la réflexion, un temps pour le doute et un
temps pour la retraite. Ce n'est certainement pas le cas dans la situation présente. Le temps de l'*initiative* arrive quand sont réalisées toutes les conditions pour une action rapide. Vous ne devez
pas laisser passer cette occasion. Une possibilité de grande réalisation s'offre à vous dans cette maison.

CONSEILS
Vouloir, exécuter un projet, s'engager dans l'action, trancher, intervenir, prendre des décisions.

74 BONHEUR ☆☆☆☆☆

LA PERFECTION
DU MOMENT

Magie des chiffres :
Le sept (7) suggère la perfection.
Le quatre (4) indique la forme, l'organisation.
Le *bonheur* est la mise en forme de la perfection.
La somme des deux chiffres est le onze (11), qui ajoute l'idée que le *bonheur* est l'expression d'une grande énergie.
Image :
L'image du *bonheur* est le **paradis** qui offre des conditions idéales pour une réalisation de soi aisée et harmonieuse.

INTERPRÉTATION
Cette maison indique une situation très favorable. Sans aucun doute, vos difficultés vont s'aplanir. Un concours de circonstances exceptionnelles permettra maintenant la réalisation de vos désirs et de vos projets. Vous atteindrez un sommet. Vous occuperez une place privilégiée dans un domaine d'activités qui vous tient à cœur. Cela sera rendu possible grâce à une attitude modeste et à un travail persévérant. Voici la maison du mérite. Il vous faut maintenant rester maître de vous et ne pas dissiper inutilement ce que vous avez acquis.

RÉFLEXION
Il y a deux façons de considérer le *bonheur.* La première veut y arriver par le chemin des acquisitions extérieures. On est heureux si... on y arrive à condition de... Cette forme de *bonheur* est toujours provisoire, car les apparences extérieures ne sont jamais durables. La deuxième façon d'expérimenter le *bonheur* ne consiste ni à acquérir, ni à viser, ni à retenir le bien-être. Elle implique que le *bonheur* repose en soi, qu'on n'a pas à le chercher mais simplement à le reconnaître, à le laisser rayonner comme le soleil. Vous êtes touché par l'une ou l'autre de ces formes de *bonheur*, ou même par les deux. À vous d'en tirer le meilleur parti.

CONSEILS
Jouir du moment, s'accorder du bon temps, célébrer, remercier, cesser de chercher, partager.

75 TEMPS ☆☆

LA PERFECTION
DE LA DURÉE

Magie des chiffres :
La sept (7) signifie la perfection.
Le cinq (5) signifie le contact.
Ainsi est suggérée l'idée du *temps* : la
perfection est atteinte par celui qui
établit un contact avec la réalité du *temps*.
La somme des deux chiffres est le douze (12), symbole du sacri-
fice, impliquant qu'il faut prendre conscience du *temps* qui
passe.
Image :
L'image du *temps* est le **sablier**. On comprend que chaque ins-
tant est un grain de sable qui s'échappe. Rien ne l'arrête.

INTERPRÉTATION
La maison du *temps* indique qu'il faut accepter que les choses
passent, que la situation évolue. Vous ne devez pas craindre de
changer. Rien n'est permanent, rien ne reste stable. Dans cette
maison en particulier, on retrouve le grand cycle du passage. En
plus, il est suggéré ici que vous traverserez une période de transformation. Quelque chose est en train de se terminer et quelque
chose est sur le point de naître. Vous craignez peut-être pour
l'avenir. Il est important que vous compreniez ce que vous ne
voulez pas laisser échapper. Il est inutile de forcer le passage.
Quand on laisse une situation se terminer d'elle-même, on est prêt
pour la nouveauté. Essayez de regarder avec un certain détachement ce qui doit partir ou se terminer. La transformation qui est en
cours annonce une amélioration de votre situation générale.

RÉFLEXION
Le *temps* passe et emporte avec lui des souvenirs, des situations.
C'est ainsi qu'il fait place à la nouveauté qui est le principe même
de la vie. S'ouvrir à ce qui s'annonce, c'est se maintenir actif et
dynamique. Vous avez tout à gagner à conjuguer votre expérience
avec ce qui se présente.

CONSEILS
Prendre et laisser, attendre, rester patient, laisser tomber, se détacher, accepter la non-permanence des choses.

76 IDÉAL ☆ ☆

LA POURSUITE DE LA PERFECTION

Magie des chiffres :
Le sept (7) indique la perfection.
Le six (6) indique l'ambivalence.
Le treize (13) qui est la somme des deux chiffres indique que pour atteindre l'*idéal*, il faut surmonter des difficultés.

Image :
L'image de l'*idéal* est l'**alpiniste**, celui qui met toute son ardeur à atteindre le sommet de la montagne.

INTERPRÉTATION

Dans la maison de l'*idéal* il est question d'un projet à réaliser, d'un sommet que l'on cherche à atteindre. L'objectif poursuivi peut concerner le travail, l'amour, la réalisation sociale ou personnelle. Bien sûr, l'accomplissement d'une œuvre exceptionnelle demande qu'on surmonte des difficultés. Il y a des sacrifices à faire pour accomplir un *idéal*. Mais votre détermination et une vue claire de ce que vous voulez sont vos plus sûrs instruments de réussite. Malgré les obstacles à contourner, vous avez toutes les raisons de rester optimiste puisque votre réussite ne dépend que de vous dans ce cas-ci.

RÉFLEXION

Tout comme l'alpiniste qui concentre toute son attention et son énergie sur son projet, la personne qui vise un *idéal* doit s'y consacrer tout entière. Vous devrez peut-être laisser tomber certaines activités qui vous distraient de votre *idéal*. Vous avez intérêt à vous lancer à fond et à ne rien négliger de ce qui pourrait servir votre but.

CONSEILS

Rester déterminé, maintenir l'effort, poursuivre l'*idéal*, se concentrer, affronter la difficulté, chercher des solutions, relever le défi.

77 DOUBLE FORTUNE
☆ ☆ ☆ ☆ ☆

LA PERFECTION DU DESTIN

Magie des chiffres :
Le premier sept (7) indique la perfection.
Le deuxième sept (7) indique la fortune.
Le quatorze (14) ainsi produit reprend certains avantages associés à la *double fortune* amitié, message heureux, équilibre, communication, amour.
Image :
L'image de la *double fortune* est le **ciel**, le lieu symbolique de la béatitude parfaite.

INTERPRÉTATION
Grâce à un coup du Destin, vous rencontrerez une grande chance. Il s'agit d'un moment de plénitude et d'excellence, d'amitié et de communication. Vous vous sentirez naturellement porté à exprimer votre joie de vivre. Cette impulsion est une façon de reconnaître que la *double fortune* est un don, une chance. Vous devrez chercher à distribuer cette énergie acquise. Faites participer le plus grand nombre possible de personnes à cet état exceptionnel. Vous vous sentirez en situation de force. Vous attirerez spontanément les autres. Vous n'aurez qu'à laisser rayonner votre bonheur. La *double fortune* peut indiquer la richesse matérielle, le succès populaire, la santé, le plaisir, l'amour, la sérénité ou toute autre forme de bonheur.

RÉFLEXION
Quand arrive la période de la *double fortune*, on n'est pas toujours prêt à la recevoir ouvertement et sans difficultés. Habituellement, on a tendance à s'y agripper en craignant qu'elle ne passe trop vite. Cette crispation ne fait que ternir un moment merveilleux. En plus, quand se présente la chance, on a tendance à ne pas y croire. Même si cette attitude est naturelle, il faut l'éviter, car elle n'engendre que méfiance. Votre rayonnement prochain débordera sur tout votre entourage. Vous êtes sous une bonne étoile.

CONSEILS
Accepter la réussite, jouir de la vie, recevoir, influencer, rayonner, partager.

LA PERFECTION DU MYSTÈRE

Magie des chiffres :
Le sept (7) indique l'état de perfection.
Le huit (8) suggère l'infini.
D'où l'*aventure* comme recherche de
l'infini et de la perfection. À cela
s'ajoute, par l'addition des deux chiffres qui donne le quinze (15), l'idée du mouvement qui conduit à
cet équilibre.

Image :
L'image de l'*aventure* est la **valise**, symbole de la personne sans attache, toujours prête à repartir et ouverte à l'expérience surprenante.

INTERPRÉTATION

Vous devez vous rendre disponible pour une nouvelle *aventure*. Une période creuse et plutôt statique ou le fait de quitter une situation vous rendra disponible pour vivre une nouvelle expérience. Un sentiment d'ouverture et de recherche de la nouveauté prédispose favorablement à cette éventualité. Inutile de lutter contre ce mouvement : ce serait empêcher un élan qui est plus fort que vous. Cela n'implique cependant pas que vous deviez foncer dans l'inconnu de façon inconsidérée. Mais il n'y a plus de longs préparatifs à faire. Les éléments de l'*aventure* sont déjà installés. Vous pouvez faire confiance à l'originalité de ce moment et à vos propres capacités. C'est dans une disposition de jovialité, d'audace et de confiance que vous pourrez rencontrer l'événement avec le plus d'aisance.

RÉFLEXION

Quand on s'ouvre à l'imprévu, on ressent évidemment de l'excitation, de l'anxiété et de l'allégresse. L'*aventure* n'implique pas nécessairement qu'on quitte tout ce dans quoi on est engagé, qu'on laisse tomber toutes ses responsabilités. Elle peut en outre se situer à n'importe quel niveau : physique, affectif, émotif, intellectuel. Un feu d'artifice se prépare. Il viendra éclairer votre vie et relancer des dimensions de vous que vous aviez oubliées.

CONSEILS

S'ouvrir à la nouveauté, oser, essayer des formules différentes, repartir, montrer de l'audace, être disponible, accepter l'inconnu.

81 NAISSANCE ☆☆☆

LE MYSTÈRE
DE CE QUI COMMENCE

Magie des chiffres :
Le huit (8) de l'infini rencontre le un (1) du commencement, suggérant l'idée d'une naissance ouverte à l'infini des possibles.
Le neuf (9), somme des deux chiffres, évoque la notion de travail nécessaire à l'équilibre de tout ce qui prend naissance.
Image :
L'image de la *naissance* est la **matrice**. C'est en elle que la vie prend forme et se développe. L'univers entier peut être considéré comme une matrice.

INTERPRÉTATION
Quelque chose est en train de commencer. Vous ne pourrez pas empêcher que cela arrive, sinon par une violence que vous vous imposeriez. La tâche est grande de mettre au monde un être, une idée, un projet. On ne peut empêcher la pluie de tomber ni le soleil de rayonner. Vous devez accepter l'inconnu qui se présente. Le temps est arrivé pour vous d'agir, d'accoucher, de mettre à exécution, d'initier ce qui doit l'être. Vous ne devez cependant pas vous agiter ni vous inquiéter. La *naissance* est un événement à la fois heureux, douloureux et troublant. Le moment est propice pour que vous laissiez tomber les principes qui ne sont pas adaptés à ce qui survient. Ainsi, vous pourrez développer un regard neuf.

RÉFLEXION
Dans toute *naissance*, il y a un mélange d'excitation, d'inquiétude, de surprise et d'espoir. Il n'y a pas que les bébés qui naissent. Tout naît et meurt à chaque instant. En ce moment, quelque chose disparaît et quelque chose est en train de surgir dans votre vie. Vous allez vous découvrir des ressources que vous ne soupçonniez pas. On peut parler d'une forme de renaissance. Cette situation est réellement importante, car elle prépare ce qui arrivera dans l'avenir.

CONSEILS
Faire naître un projet, initier une entreprise, renouveler, s'ouvrir à la nouveauté, célébrer une *naissance*, commencer quelque chose.

82 SECRET ☆☆☆

**LE MYSTÈRE
DE CE QUI SE CACHE**

Magie des chiffres :
Le huit (8) signifie le mystère.
Le deux (2) signifie l'inconnu.
La somme des deux chiffres, le dix
(10) indique qu'un événement inconnu
et mystérieux va se révéler par le biais d'un *secret* .
Image :
L'image du *secret* est le **grain.** Mystérieusement, il meurt et revit dans le *secret* de la terre.

INTERPRÉTATION
Quelque chose se prépare que vous ignorez encore. Cette situation ne se dévoilera pas d'un seul coup. Il vous faut la patience du grain dans la terre. Par contre, vous devez rester ouvert à tous les indices qui pourraient se présenter. Un voile va tomber. Vous êtes peut-être inquiet de ne pas savoir de quoi il s'agit. Vous avez peut-être un pressentiment. Vous devez faire confiance au Destin et attendre que se manifeste ce qui est déjà là mais latent. Essayez de calmer votre inquiétude. Voici le moment du silence attentif. Quand l'événement se produira, vous saurez qu'il s'était préparé dans l'ombre et qu'il est le résultat d'une action posée dans le passé.

RÉFLEXION
Le *secret* qui se révélera est d'ordre inconscient. En fait, vous le connaissez déjà, ou vous avez les éléments pour le découvrir mais votre pensée rationnelle ne le verra que dans quelque temps. Soyez attentif à votre intuition, elle est très précieuse en ce moment. Faites confiance à vos facultés logiques. Elles recèlent une grande puissance créatrice qui vous permettra de voir clair dans cette affaire.

CONSEILS
Être attentif, deviner, examiner le passé, analyser l'inconscient, garder le silence.

83 SOUPLESSE ☆ ☆ ☆

LE MYSTÈRE
DE CE QUI S'ADAPTE

Magie des chiffres :
Le huit (8) symbolise l'équilibre.
Le trois (3) symbolise le mouvement.
La somme des deux chiffres, le onze
(11) évoque l'image de la force fémi-
nine. Ainsi on obtient la *souplesse*, c'est-à-dire la sagesse qui
s'adapte au mouvement de la vie.
Image :
L'image de la *souplesse* est l'**eau**, car elle s'adapte à toutes les
situations, remplit tous les recoins et se meut avec une parfaite aisance.

INTERPRÉTATION
Il est ici question d'une difficulté d'adaptation. Il est nécessaire
que vous manifestiez de la *souplesse*. Vous avez peut-être été trop
sévère avec l'un de vos proches. La première attitude à adopter
consiste à vous décontracter. Il est parfois important de se dire
que la terre continue de tourner, qu'on soit en forme ou non.
Vous auriez avantage à prendre des distances et à ne pas tant vous
en faire. Il est temps de donner du lest et d'envisager un changement d'opinion. Cette attitude d'ouverture vous permettra de voir
la réalité sous un autre angle et d'entrevoir des possibilités que
vous ne pourriez pas concevoir autrement. Laissez-vous guider
par les événements. Ne forcez pas les choses. Tout s'arrangera.
Le moment venu, vous pourrez reprendre la situation en main.

RÉFLEXION
Vous avez adopté jusqu'ici une attitude correcte mais qui risque
de devenir rigide si vous la maintenez. Tout semble indiquer
qu'une peur de changer d'opinion ou de position vous retient, et
cette peur, malheureusement, crée une tension et empêche votre
énergie de circuler. Soyez confiant : une ouverture aux autres
pourrait être des plus fécondes.

CONSEILS
S'adapter à la situation, laisser aller, céder, rester souple, se mettre à l'écoute des autres.

84 SIMPLICITÉ ☆☆

LE MYSTÈRE DE
CE QUI SE DÉPOUILLE

Magie des chiffres :
Le huit (8) signifie l'équilibre.
Le quatre (4) signifie l'ordre.
On obtient ainsi le douze (12) qui implique la nécessité de sacrifier le superflu pour trouver la *simplicité*. Celle-ci permet le maximum d'ordre, d'efficacité et d'équilibre.

Image :
L'image de la *simplicité* est le **vent**. Rien n'est plus dépouillé, rien n'est plus simple et pourtant, rien n'est plus efficace, constant et puissant dans ses effets.

INTERPRÉTATION
La maison de la *simplicité* implique que vous devez agir avec un grand dépouillement et avec persévérance. Dans ces conditions, vous exercerez une influence considérable sur la situation. Pour le moment, votre énergie ne doit pas s'investir à court terme. Au contraire, vous devez vous donner une vision large et continue. Le succès ne vous viendra que progressivement. Vous avez avantage à éviter toute forme d'impatience, de pressions directes ou de provocation cassante. Une conclusion magique de l'affaire est peu probable. De plus, les moyens les plus simples sont vos armes les plus sûres. La patience et la douceur conviennent parfaitement et vous servent mieux que toute autre chose.

RÉFLEXION
Ce que l'on perd en temps et en patience, on le gagne en profondeur et en solidité. On ne peut rien bâtir sur du sable mouvant. De même, il ne faut plus chercher à réformer la situation. Il convient davantage de simplifier que d'ajouter. Mais la *simplicité* prend sa source dans le caractère même des personnes qui vous entourent. Quand on a la tête surchargée de préoccupations et de rêves, l'action devient lourde, lente et incomplète. Adopter une attitude simple est votre meilleure garantie de succès pour le moment.

CONSEILS
Agir avec douceur et fermeté, éviter les complications, éliminer l'inutile, alléger, purifier.

85 GÉNÉROSITÉ

☆ ☆ ☆ ☆ ☆

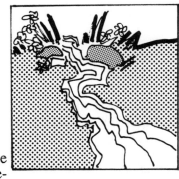

LE MYSTÈRE DE
CE QUI SE DONNE

Magie des chiffres :
Le huit (8) exprime l'équilibre.
Le cinq (5) exprime l'amour.
La somme des deux chiffres donne le
treize (13) qui ajoute l'idée de détache-
ment. Quand le cœur se vide de tout ce qui le déséquilibre, on ob-
tient la *générosité.*
Image :
L'image de la *générosité* est la **terre.** Elle donne incondition-
nellement. Elle engendre la vie et produit la nourriture essentielle.

INTERPRÉTATION

Un acte de *générosité* pourrait remettre en mouvement une situation dans laquelle vous vous trouvez. Vous êtes aux prises avec
un groupe fermé, un cœur fermé, un partenaire fermé ou votre
propre fermeture. Certains états sont difficilement accessibles. On
a parfois l'impression qu'il faudrait une force plus grande que
celle des cyclones pour les pénétrer. Vous devez chercher cette
force en vous. Au besoin, il peut être utile de mettre à contribution
l'énergie d'une autre personne. Mais il convient d'abord de vous
ouvrir et de surmonter les résistances que vous avez développées
par rapport à la situation. Seules votre confiance et une approche
conciliante vous permettront d'en tirer le meilleur parti.

RÉFLEXION

La *générosité* consiste à s'abandonner à l'autre dans un geste de
confiance. Quand le cœur s'ouvre, le monde extérieur apparaît
inoffensif et fraternel. Une attitude tendre et généreuse crée un climat ouvert et propice aux échanges détendus et cordiaux. Il y a
une façon de se relier affectueusement aux autres sans forcer leur
porte : en les écoutant, en s'intéressant à ce qu'ils sont. Vous découvrirez une grande joie en adoptant cette approche.

CONSEILS

S'oublier, s'ouvrir aux autres, donner librement, pardonner, faire
le premier pas, ouvrir son cœur, donner son énergie.

86 ÉCHEC

Magie des chiffres :
Le huit (8) signifie l'équilibre.
Le six (6) signifie l'ambivalence et la difficulté.
La somme des deux chiffres donne le quatorze (14) qui évoque la sobriété nécessaire quand il est difficile de maintenir l'équilibre devant l'*échec*.

Image :
L'image de l'*échec* est l'**épave**. Le bateau qui coule met fin à l'image que l'on s'était faite d'un voyage ou d'un projet. Mais certaines planches se rendront au rivage.

INTERPRÉTATION
Un équilibre précaire peut donner un sentiment d'*échec*. Ce sentiment permet de rentrer en contact avec un autre aspect de la réalité. L'*échec* que vous appréhendez peut être une occasion de changer votre approche. Vous auriez avantage à adopter une attitude plus concrète, plus simple, moins idéaliste. L'*échec* peut devenir une immense source d'inspiration. L'importance de la désillusion est grande. Voici une nouvelle possibilité de manifester de l'imagination et de la créativité. Il est important que vous conserviez votre sens de l'humour et que vous ne soyez pas effrayé à la perspective de vous sentir diminué. Après l'*échec*, on se découvre empereur du monde.

RÉFLEXION
Il est nécessaire qu'arrive l'*échec*. Il est comme la lime qui affile le couteau. La réussite tend à endormir alors que l'*échec* réveille, choque, provoque. Accepter une déception est très difficile, car elle est un affront à l'amour-propre. Quand arrive une déception, l'occasion est excellente pour faire le point et réévaluer ses choix. Et puis, le ciel gris et lourd qui remplit le paysage fera place demain à un soleil éclatant. Vous ne devrez pas vous laisser abattre.

CONSEILS
Affronter la difficulté, ne pas trop s'en faire, manifester de l'humour, accepter le défi, envisager plusieurs solutions, rester calme.

87 ENFANCE ☆☆☆☆

LE MYSTÈRE DE CE QUI EST SANS EXPÉRIENCE

Magie des chiffres :
Le huit (8) signifie la direction.
Le sept (7) signifie la perfection.
Le quinze (15) ainsi produit évoque la
ferveur de l'*enfance,* période qui re-
présente la pureté et la perfection vers lesquelles tout être doit
tendre.
Image :
L'image de l'*enfance* est la **fleur**. Elle est fraîche, fragile, neuve
et belle.

INTERPRÉTATION
Vous devez garder une grande ouverture d'esprit par rapport à
une question qui vous préoccupe. Il vous faut retrouver la spontanéité de l'enfant, l'enthousiasme du débutant. Tout doit se passer
comme si c'était la première fois. Vous devez cultiver votre curiosité et votre confiance en la situation. Quelque chose commence.
Vous avez entrepris un nouveau projet, vous commencez un
amour, une relation. Ou peut-être est-ce vous qui changez. Peut-
être que vous retrouvez une dimension de vous enfouie, une dimension que vous aviez oubliée. Acceptez d'être vulnérable.
Montrez-vous prêt à admettre votre ignorance et à tirer profit des
conseils que pourront vous donner des personnes avisées. Une
attitude ouverte s'annonce très prometteuse.

RÉFLEXION
Cette maison concerne des individus de tout âge. L'*enfance* ne se
termine jamais tout à fait. Redevenir un enfant, c'est voir chaque
chose comme si c'était la première fois. Cela est-il possible? On a
souvent tendance, au contraire, à s'appuyer sur des idées toutes
faites, à répéter machinalement des gestes. Cette maison indique
qu'il peut être avantageux de laisser agir les événements plutôt
que de suivre des principes. Soyez attentif à tout ce qui se passe
autour de vous.

CONSEILS
Cultiver sa curiosité, demander conseil, apprendre, obéir, rester
spontané et ouvert.

**LE MYSTÈRE
DE LA SAGESSE**

Magie des chiffres :
Le premier huit (8) symbolise la sagesse.
Le deuxième huit (8) symbolise l'équilibre.
Ainsi nous avons l'*infini*, c'est-à-dire l'équilibre total dans la sagesse.
Le chiffre seize (16) ainsi produit suggère qu'il faut se purifier pour entrer en contact avec l'*infini*.
Image :
L'image de l'*infini* est l'**espace**. Il contient tous les corps célestes et terrestres, les maintient à distance tout en les reliant.

INTERPRÉTATION
Vous vous trouvez dans une situation privilégiée par rapport à une question qui vous tracasse. Ou encore, vous n'êtes pas loin d'y accéder. Il ne vous reste qu'à liquider certaines attaches. Le message essentiel est le suivant : ne vous agrippez pas à la situation, ne cherchez pas à retenir, laissez faire. Ceci ne veut cependant pas dire que vous devez quitter la situation ou la fuir. Une séparation physique ne vous apporterait ni la paix ni la sagesse. Vous devez plutôt éliminer toute forme de préjugés ou d'intentions préalables. Vous devez vous disposer à recevoir l'événement avec innocence et détachement. Il vous faudra peut-être faire un geste assez fou, assez inusité. Voilà la folie qui manifeste l'*infini* de la sagesse.

RÉFLEXION
Le double huit finit à la fois le *Livre de la destinée* et le dernier domaine. Vous êtes ici dans le perpétuel recommencement, c'est-à-dire dans le moment présent. Ne vous laissez pas prendre par des préoccupations d'avenir ni par des souvenirs du passé. Si votre pensée se repose, si elle se vide de toute peur qui l'obscurcit, vous éprouverez une sérénité exceptionnelle et il vous sera plus facile de faire face à la situation.

CONSEILS
Modifier l'espace environnant, faire de l'espace, nettoyer, vider, se détacher, purifier, prendre des distances.

CHAMBRES
111 à 888

Troisième Dé à jouer

111-118 INSPIRATION

111 EMBRYON ☆☆☆☆: Vous éprouverez une certaine inquiétude. Vous ne pourrez identifier exactement l'origine de ce trouble. Il s'agit de l'*inspiration* à sa phase initiale. Vous êtes dans une chambre triple. Vous aurez beaucoup d'énergie mais la situation est encore embryonnaire. Vous ne devez pas brusquer le cours des choses. Une grande chance se prépare.

112 AUTOMATISME ☆: Votre source d'*inspiration* pourrait se tarir. Vous avez peut-être tendance à répéter les mêmes gestes de crainte de perdre une certaine sécurité, une situation ou un revenu. Tout annonce que votre *inspiration* serait décuplée si vous osiez quitter certaines habitudes.

113 DILETTANTE ☆☆☆: Ce n'est pas l'*inspiration* qui vous manque. Vos idées foisonnent, mais vous ne prenez pas le temps de les structurer. C'est un handicap pour le moment puisque cette attitude vous maintient dans un état d'amateur. Cet état n'est cependant pas nécessairement désavantageux. Il est souvent source d'*inspiration* pour les autres.

114 TALENT CACHÉ ☆☆: Voici une fontaine de créativité et d'originalité. Un véritable inventeur qui a le malheur de se sous-estimer et de cacher sa lumière sous le boisseau. De nombreuses possibilités sont étouffées. Il peut s'agir de vous ou de quelqu'un de votre entourage.

115 PRODUCTION ☆☆☆☆: Vous entrez dans une phase importante d'un projet. Il se peut que vous soyez assailli par le doute. Ce sentiment est normal et bénéfique puisqu'il maintient vos facultés en alerte. Vous avez des chances de remporter succès et gloire.

116 PLAGIAT: Cette situation concerne les échanges d'idées. Vous avez peut-être l'impression que quelqu'un, dans votre entourage, a tendance à vous voler des idées. Cette situation engendre beaucoup d'anxiété et fausse vos rapports. Vous devez songer à tirer cette affaire au clair.

117 ARTISTE ☆☆☆☆☆: Vous vous trouvez actuellement dans la position de l'artiste. Vous devez travailler à créer de la beauté autour de vous. Vous reconnaissez d'instinct ce qui charme et séduit. Votre *inspiration* est grande. Votre vie quotidienne doit être la première cible sur laquelle vous devez intervenir.

118 ORIGINE ☆☆: L'*inspiration* prend sa source dans une zone de calme que l'on peut créer même lorsque la tempête fait rage. Vous devez trouver ce climat de calme intérieur indispensable à toute innovation. Évitez l'agitation.

121 APPRAUVRISSEMENT: Le Destin annonce une période provisoire d'appauvrissement. Vous pourriez essayer de tirer parti d'autres aspects de votre environnement. Il est inutile en tout cas de regretter ce qui est passé. Il vaut mieux, au contraire, songer à explorer de nouvelles perspectives.

122 PERTE DE DIGNITÉ ☆: Certaines personnes dans votre entourage vous suggèrent de faire un *sacrifice* qui vous donne le sentiment d'une perte de dignité. Vous ne devez pas vous laisser influencer, même si vous risquez de décevoir leur attente.

123 SUPERFLU ☆☆: Il y a quelque chose à éliminer dans la situation actuelle : excès de nourriture, dépenses inutiles, loisirs fatigants. Le superflu peut-il être sacrifié? Si oui, vous remarquerez une nette amélioration de votre état général.

124 OUVERTURE ☆☆☆: Vous cherchez à vous faire aimer de quelqu'un que vous fréquentez. Il s'agit peut-être d'une nouvelle rencontre ou, au contraire, d'une personne que vous connaissez depuis longtemps. Votre demande est encore mal adressée. Vous semblez ne pas savoir comment vous y prendre. Vous auriez avantage à manifester moins d'insistance. Une grande ouverture s'ensuivra.

125 REJET ☆: Il se peut que vous vous sentiez de trop au sein d'un groupe. Ou, au contraire, une personne faisant parti de votre environnement devient un poids pour vous. Ne prenez pas de mesures brusques que vous regretteriez. Vous êtes habité par un goût du *sacrifice* qui vous passera.

126 CROIX ☆☆☆: Vous êtes marqué par le Destin. Vous allez pouvoir éviter une situation difficile. Mais il y aura un *sacrifice* à faire. Vous n'avez rien à craindre, vous semblez préparé pour ce changement. Cette décision est extrêmement favorable.

127 VASTE BUT ☆☆☆☆: Vous auriez avantage à sacrifier certains projets parce qu'ils sont trop limités. Ce n'est plus l'heure des compromis. Il est temps pour vous d'élargir votre vision et de viser un but mieux adapté à vos ressources. Vous découvrirez un nouveau style de vie s'harmonisant mieux avec vos possibilités.

128 BALANCE ☆☆☆: La situation continue de comporter des difficultés. Y a-t-il un équilibre entre ce que vous avez donné et ce que vous avez reçu? Quand la balance penche trop d'un côté, il y a souvent des tensions et un risque de sentiment de culpabilité ou de frustration. Cette maison invite à réfléchir et à réévaluer votre apport.

131-138 ESPOIR

131 DÉBUTANT ☆☆: Vous aurez sous peu à vivre de nouvelles expériences. Vous ferez sans doute quelques erreurs. Elles contribueront à vous enrichir. Acceptez les conseils de ceux qui en savent plus long. Restez calme, ouvert, curieux et questionnant.

132 MÉFIANCE ☆☆☆: À la suite d'une rencontre, une ouverture peut se présenter. Vous hésiterez à accepter. Laissez tomber votre scepticisme et étudiez sérieusement la question. Vous vous rendrez compte qu'un grand avantage s'offre à vous.

133 HÂTE ☆: Ne vous montrez pas impatient. Une situation semble vous pousser à aller trop vite. Ce n'est pas le temps de risquer ni de faire des pressions. Attendez que les choses se développent de façon plus naturelle. La précipitation pourrait nuire dans les circonstances.

134 DERNIÈRE ÉTAPE: Vous aurez à faire les gestes nécessaires pour vous libérer d'une situation difficile. Cela vous demandera beaucoup de courage et de persévérance. Vous aurez plusieurs obstacles à contourner. Restez alerte tout en continuant à agir.

135 DÉTERMINATION ☆☆☆☆: Un projet vous tenant à cœur exigera de vous une forte détermination. Il importe que vous ne flanchiez pas. Ne vous laissez pas influencer par ceux qui pourraient chercher à vous détourner de votre projet. Votre enthousiasme viendra à bout de tous les obstacles.

136 PROPOSITION ☆: Ce qui vous est proposé laisse miroiter un avenir prometteur. Mais vous ne pouvez pas encore accepter cette offre telle quelle. Dans la hâte de vouloir réaliser immédiatement un projet, on fait parfois un choix regrettable. Vous devez être plus sélectif, étudier la situation et attendre.

137 ASSURANCE ☆☆☆☆☆: Vous avez toutes les raisons de croire que vous obtiendrez ce que vous voulez. Toutes les conditions sont réalisées. Vous n'avez qu'à poursuivre dans le même sens.

138 PATIENCE ☆☆: Le chemin de la libération est long. Armez-vous de patience. Vous ne devez cependant pas perdre de vue votre objectif. Tâchez de développer une discipline qui vous sera d'un grand secours pour l'avenir. Ne vous découragez surtout pas.

141 RETENUE ☆☆☆: Cessez de chercher un débouché à votre action. Vous devez mettre votre force de l'avant, vous imposer. Ce n'est pas le moment de rêver à ce que vous pourriez faire. Votre sens de la *mesure* saura doser votre implication.

142 PRUDENCE ☆☆: Devant les difficultés actuelles, vous avez avantage à jouer la carte du faible et à garder une attitude modeste. Il ne s'agit pas d'une réaction de faiblesse. Vous serez plus efficace en avançant dans le silence et dans l'ombre. Ce n'est pas le moment de vous mettre en évidence.

143 ATTENTION ☆☆: Vous atteindrez prochainement un point d'équilibre. Vous ne devez pas relâcher votre attention. Ne vous laissez pas gagner par l'envie de prendre moins au sérieux certains engagements. Ce n'est pas le moment.

144 ASCENDANT ☆☆☆☆: Vous avez l'art d'intervenir avec force et courage tout en gardant une attitude réservée et pondérée. Vous serez bientôt au cœur même de l'action. Votre engagement doit être complet. Vous connaissez vos limites et vous saurez exploiter vos ressources au maximum.

145 TEMPÉRANCE ☆☆: Après une période d'intempérance, on se trouve irrésistiblement dans une impasse. Il y a eu excès de paroles, d'émotions, de nourriture, de travail. La seule issue maintenant est la stricte discipline. Vous auriez avantage à vous faire aider pour un certain temps.

146 PRÉCAUTION: Un conflit risque de mettre un terme à une relation à laquelle vous tenez. Vous avez avantage à modérer vos transports. Ce n'est pas le moment de blâmer, de punir, de menacer ni d'attaquer. Cela ne produirait qu'un durcissement de la situation.

147 HUMILITÉ ☆: Rien de plus difficile que de faire preuve d'humilité quand on est admiré. Vous connaîtrez prochainement une période de popularité dans votre milieu. Vous avez cependant tout intérêt à rester discret et modeste afin de ne pas choquer ni provoquer trop d'envie.

148 DÉCISION ☆☆☆: Vous êtes en contact avec une personne patiente, réservée, compréhensive. L'agitation environnante ne semble pas l'atteindre. Sa douceur n'est pas de la faiblesse. Vous devez la prendre au sérieux car elle est en mesure de clarifier la situation et de vous aider à vous décider.

151-158 PASSION

151 COUP DE FOUDRE ☆☆: Vous connaîtrez prochainement une vive intensité passionnelle, une joie délirante, un plaisir violent. Vous ne percevrez pas à leur juste mesure les conséquences de cette affaire. Vous n'y verrez qu'enthousiasme et bienfait. Cette situation est créée pour vaincre définitivement la possessivité.

152 BRAISE ☆☆☆: Ce qui était au début une *passion* violente et tourmentée est en train de se transformer tout doucement en braise, en état prolongé. L'émotivité engagée est puissante et durable. L'avenir s'annonce stable.

153 PETIT DIABLE ☆: Aux yeux des autres, votre vie manque de *passion* réelle. Mais vous savez que vous avez recouvert en vous le feu de la *passion* afin de ne pas vous brûler. Vous retenez un feu intérieur dévorant. Vous auriez avantage à tenter d'apprivoiser ce petit diable au lieu d'essayer de l'enfermer.

154 AVIDITÉ: La *passion* se manifeste ici dans le domaine du travail, de la vie professionnelle ou par rapport à l'argent. L'exaltation des premières heures fera place à une forme d'esclavage. Vous risquez de perdre une part de votre liberté antérieure. Il vous faudra réévaluer la situation.

155 POSSESSIVITÉ ☆☆: Il est question ici d'un attachement extrême à une autre personne. Il peut s'agir de vous ou d'un enfant, d'un ami, d'un amant. Vous êtes inquiété par ce lien ravageur. Il faudra beaucoup de patience et de douceur pour que la situation se détende.

156 ÉTROITESSE ☆☆: Une personne passionnée à laquelle vous avez affaire défend ses positions avec acharnement. Vous avez beaucoup de difficultés à vous faire entendre d'elle, ce qui vous rend à votre tour impatient. Vous avez avantage à prendre quelques distances.

157 MAGIE NOIRE ☆☆☆: Voici la chambre de Méphisto. Vous risquez de vous laisser envoûter par l'ange noir de la légende. Vous dégagez un magnétisme énorme, une immense énergie. Attention de ne pas embrouiller indûment la situation. C'est un Destin étrange qui s'annonce.

158 SÉRÉNITÉ ☆☆☆☆☆: Cette chambre vous annonce un état prochain de sérénité qui fait suite tout naturellement à un moment de *passion*. Vous avez intérêt à profiter pleinement de cette accalmie. Occupez-vous d'abord de certaines affaires qui vous concernent.

161 DÉPOSSESSION ☆☆☆: Vous perdrez peut-être le contrôle d'une affaire. Aussi auriez-vous avantage à demander de l'aide. Prenez le temps qu'il faut pour évaluer sérieusement la situation, ce qui vous permettra de réagir de la façon la plus propice. Après mûre réflexion, vous trouverez la solution.

162 RECONSTRUCTION ☆☆: Le temps de la *destruction* est passé. L'œuvre noire est réalisée. À partir de maintenant, vous pouvez songer à rebâtir. Il y a du pain sur la planche, mais vous avez toutes les ressources nécessaires. Vous ne devez pas prêter l'oreille à ceux qui essaieraient de vous décourager.

163 NÉGLIGENCE ☆: Une relation est sur le point de se désagréger par suite de négligence. Vous avez une part de responsabilité dans cet état de fait. Cette situation était nécessaire pour vous permettre de prendre conscience de ce qui vous tient véritablement à cœur.

164 PROJET AVORTÉ: Ni une idée ni un projet n'arrivent à se matérialiser. Vous auriez avantage à reconsidérer votre rôle et la situation. Vous devrez peut-être abandonner toute l'affaire. Après réflexion, il est possible que vous découvriez qu'au fond, vous n'y teniez pas tant.

165 MAISON ☆☆ Vous ou un être cher vous êtes trouvés dans une situation difficile. Vous avez craint qu'un événement ne secoue votre vie comme le vent violent balaie parfois les maisons. Heureusement, le pire est passé.

166 MENACE ☆: Les forces adverses sont grandes et risquent de vous faire perdre l'équilibre dans une situation qui vous tient à cœur. Ce qui peut arriver dépend en grande partie de forces extérieures. Vous avez avantage à penser d'abord à vous et à votre intérêt dans cette affaire.

167 SOLEIL ☆☆☆☆: La tempête est calmée. Subitement, elle a fait place au soleil. Vous retrouverez la possibilité d'agir par rapport à la question. Vous devez recommencer un certain nombre d'opérations et d'étapes. Mais très vite vous retrouverez un rythme de croisière efficace et agréable.

168 MONTAGNE ☆☆☆☆☆: Vous avez une grande aptitude à garder un calme étonnant même lorsque tout s'écroule autour de vous. Vous êtes comme une montagne dans la tempête. Vous ne bougez pas. Votre force intérieure est plus grande que ces manifestations du Destin.

171-178 RENCONTRE

171 COMMENCEMENT ☆: Une récente *rencontre* que vous avez faite vous laisse perplexe. Vous êtes peut-être assailli d'impressions contradictoires: timidité, audace, douceur, peur. Vous êtes dans la position du débutant. Tout est en état de promesse. Vous devez gagner la confiance de l'autre. Il ne faut rien forcer.

172 PANIQUE ☆☆: Il se peut qu'une découverte que vous ferez prochainement concernant une dimension de vous-même vous inquiète et vous conduise à un état avoisinant celui de la panique. Cette découverte sera pourtant le début d'une importante réévaluation de vos rôles.

173 AGITATION : L'énergie que vous êtes en mesure de fournir dans un projet est débordante. Cependant, vous êtes peut-être trop empressé. Vous aimeriez réaliser vos projets très vite. Vous devez craindre l'agitation. Restez calme et déterminé, vous ne pouvez pas tout faire en un jour.

174 CRÉATEUR ☆☆☆: Certaines personnes de votre entourage ont la passion de créer, d'inventer. Une association serait très bénéfique. Elle devra reposer sur la confiance mutuelle. Cette coalition de forces vous procurera de grands bienfaits.

175 CHARME ☆☆☆☆: Une relation que vous vivrez sous peu est marquée par la séduction. Vous dégagez un charme étonnant. Quelque chose d'intense émane de vous. Cette relation peut devenir très profonde. Faites confiance à votre aisance naturelle, tout ira bien. Situation heureuse.

176 PROTECTION ☆☆: Vous rencontrerez une personne qui favorisera un projet qui vous tient à cœur. Cette personne qui possède une grande inté- grité morale pourra vous offrir une certaine protection, mais il y aura un prix à payer : votre indépendance.

177 VIE QUOTIDIENNE ☆☆☆: Votre question renvoie à des occupations et à des préoccupations quotidiennes. Vous devez développer votre don de faire des contacts heureux avec les réalités de tous les jours. C'est petit à petit que se construit un bonheur durable.

178 UNITÉ ☆☆☆: Vous êtes actuellement en mesure de ramasser les divers aspects de votre vie et de trouver une unité, un sens global. Vous êtes dans une position qui peut vous permettre de faire une *rencontre* hors du commun. Tout contribue à créer une unité supérieure et, par le fait même, à résoudre les problèmes secondaires.

181 ÉTOILE ☆☆☆☆: Vous exercerez prochainement une influence très grande sur ceux qui vous entourent. Vous êtes comme une bonne étoile, un guide responsable. Le *Destin* de plusieurs se rattache au vôtre. Cela vous engage envers un grand nombre de personnes. Mais vous pouvez assumer cette responsabilité car vous êtes conscient de votre rôle.

182 HASARD ☆☆☆: Le *Destin* va se manifester sous peu par le biais d'un hasard. Une rencontre, un événement, une solution surgira de façon tout à fait imprévue. Il s'agit d'une situation inévitable qui annonce beaucoup de chance.

183 BILAN ☆: Vous avez traversé, récemment, une série de difficultés. Vous en êtes arrivé au moment où vous pouvez comprendre et accepter votre part de responsabilité dans cet état de choses. Un départ positif s'annonce.

184 LUCIDITÉ ☆☆☆☆☆: Tout indique que vous êtes actuellement doté d'une intuition remarquable. Vous voyez ce que d'autres ne voient pas. Vous entrez dans une période de grande lucidité. Bien utilisé, ce charisme peut profiter à un grand nombre de personnes.

185 NOTORIÉTÉ ☆☆☆☆: Voici une position des plus favorables. Vous êtes marqué par une destinée remarquable. Vous pourrez, dans votre sphère d'activités, jouer un rôle prépondérant. Votre préparation est bonne. Vous ne devez cependant rien précipiter. Tout se manifestera en son temps.

186 APPRÉHENSION : Un événement futur semble vous préoccuper. Vos craintes sont en partie justifiées puisque cette situation ne dépend pas que de vous. Il importe cependant que vous restiez optimiste. De toute façon, vos appréhensions ne feront pas avancer l'affaire.

187 DIAMANT ☆☆☆☆☆: Quelque chose en vous rayonne comme le pur diamant. Rien ne pourra l'altérer. Une grande chaleur en émane. Ceux qui découvrent cet aspect de vous ont une chance importante. Ces jours prochains, vous serez relié au *Destin* d'une façon exceptionnelle.

188 NOUVEAU CYCLE ☆☆: Vous passez actuellement d'un cycle à un autre. Il en va de même lorsque la nature passe d'un cycle à l'autre. Vous vivez une période de transition. Tous les signes sont là. Ce qui s'annonce vous permettra cependant de surmonter les difficultés d'adaptation.

211-218 COSMOS

211 ASCENSION ☆☆☆☆☆: Une période de chance et de réalisation s'ouvrira pour vous dans un avenir rapproché. Il importe surtout que vous ne perdiez pas de vue la clarté de vos buts. Il est aussi question d'une personne qui partage votre enthousiasme. La réussite est doublement assurée.

212 RÉALISATION ☆☆: Il est question d'un projet par lequel vous pourriez réaliser des gains importants. Vous serez aidé par votre entourage. Vous devez cependant vous prémunir contre une personne suspecte. Il est important que vous gardiez toute votre lucidité et que vous ne vous laissiez pas berner par de belles promesses.

213 MUTUALITÉ ☆☆: Vous connaîtrez prochainement une situation semblable à celle d'une famille harmonieuse. Chacune des personnes avec lesquelles vous êtes en contact sera acceptée comme elle est et vous respectera en retour. Vous connaîtrez un rare équilibre entre liberté et responsabilité.

214 VISION ☆☆: Une personne de votre entourage est dotée d'une saine vision de votre situation. Sa lucidité et sa présence lui permettent de vous donner de sages conseils. Son enthousiasme vous sert aussi. Vous pouvez lui faire confiance.

215 PARTENAIRE ☆☆☆☆☆: Vous semblez être à la recherche d'un partenaire idéal dans l'un ou l'autre des secteurs de votre vie. Vous êtes sur le point de le trouver ou de conclure une entente. Cette rencontre sera particulièrement heureuse. Vous ne devrez pas hésiter à poursuivre cette relation.

216 RENONCEMENT ☆: Pour arriver à vos fins, vous n'avez pas d'autre choix : vous devez sacrifier quelque chose. Vous serez peut-être obligé de le faire aveuglément, sans trop prévoir les conséquences.

217 GLOIRE ☆☆☆☆☆: Vous atteindrez sous peu un degré de réussite exceptionnel dans les divers domaines de votre vie. Les gens qui vous entourent sauront se réjouir avec vous. Il s'agit d'une rare harmonie.

218 ÉCLAIRCIE ☆☆: On a parfois l'impression que la terre a cessé de tourner, qu'on est rendu au creux des difficultés. Mais le pire est passé. À partir de maintenant la chance est avec vous. La période noire va laisser place au soleil.

221 JUVÉNILITÉ ☆☆: Vous serez tenté de commettre une *folie* à la fois par manque d'expérience et par enthousiasme débordant. Votre attitude vous surprendra vous-même. Vous aurez du mal à vous retenir. Ne soyez pas trop surpris si votre entourage réagit avec perplexité et ironie. Les gens n'ont pas l'habitude de vous voir dans un tel état.

222 CONFIDENCE ☆☆☆☆: Voici la chambre du triple deux. Vous semblez avoir développé une grande compréhension des problèmes de ceux qui vous entourent. Il importe que vous restiez sensible aux confidences qu'on vous fait. Vos conseils sont précieux.

223 PAPILLON ☆☆☆: Vous traverserez sous peu une période d'errance, de vagabondage affectif. Le voyage est en vous. Vous vous montrerez inconstant et détaché de toute contrainte. Vous goûterez la saveur fraîche et revigorante d'une nouvelle détente.

224 ERREURS RÉPÉTÉES: Vous avez tendance à répéter les mêmes erreurs d'occasion en occasion. À force d'errer dans des lieux connus, vous allez repérer l'élément répétitif. D'ici là, le sens de vos comportements risque de vous échapper en grande partie.

225 ICI MAINTENANT ☆☆☆☆☆: Vous entrez dans une phase exceptionnelle. Vous pourrez faire la synthèse de la sagesse et de la *folie*. Vous saurez vous montrer original sans affectation, audacieux sans témérité, libre sans éparpillement. Le présent sera pleinement satisfaisant.

226 MANQUE ☆: Il semblerait que vous soyez actuellement dans une situation marginale par rapport à une question. Votre motivation profonde semble aller du côté d'un désir d'engagement institutionnel. Le doute et l'insatisfaction viennent de la peur exagérée de perdre votre liberté. Faites confiance à votre intuition.

227 DOUCE FOLIE ☆☆☆☆: Vous connaîtrez sous peu une période d'euphorie. Vous aurez l'impression de planer. Vous vous sentirez comme sur un nuage. Cet état de grâce est exceptionnel : vous devez vous y abandonner, sans culpabilité et sans crainte. Il est parfois bénéfique de perdre le contrôle pour un court temps.

228 FIGER ☆: L'occasion qui vous sera offerte risque d'être si bouleversante que vous ne vous y lancerez pas. Une certaine sagesse vous retiendra et vous privera de ce moment de *folie*.

231-238 SOLIDARITÉ

231 COORDINATION ☆☆☆: Vous vous engagerez sous peu avec d'autres individus sur la base d'intérêts communs. Une période de *solidarité* s'annonce. Le début du projet ne connaîtra pas de divergences de vues. Vous devrez tout mettre en œuvre pour maintenir cet état d'esprit.

232 LOURDEUR ☆: Vous serez prochainement attiré par un projet aux proportions quasi irréalistes. Les objectifs à atteindre sont trop vastes et trop lointains. Vous devez accepter l'idée de la coopération. Seul, vous n'avez pas les moyens adéquats pour réaliser actuellement une œuvre de cette envergure.

233 NON-COMMUNICATION ☆: Un groupe dans lequel vous êtes engagé se trouve dans une impasse. Il y a des problèmes de communication et de fonctionnement. Certains individus gênent le groupe et perturbent les rapports. Vous devez analyser la situation et éventuellement provoquer une action qui entraînera une remise en question du groupe.

234 ORGANISATION ☆☆: Vous aurez sous peu à prendre en charge un projet ou une responsabilité. Le succès de cette entreprise dépend en grande partie de votre sens de la discipline et de l'organisation. Les autres peuvent vous faire confiance.

235 CLIQUE : Vous aurez à faire face sous peu à un groupe qui a plutôt les allures d'une clique. Vous ne devez pas vous décourager devant les attitudes intimidantes et froides de ces personnes. Leur étroitesse de vue et leur envie ne doivent pas vous démobiliser.

236 DILEMME: Vous aurez à faire face à une situation délicate. Vous apprendrez un secret concernant l'un de vos proches. Vous serez déchiré entre l'envie de révéler ou de taire ce fait. Deux personnes ont confiance en vous et il vous faut choisir d'être loyal avec l'une ou l'autre. Difficile dilemme.

237 ANIMATEUR ☆☆☆☆: Vous vous découvrirez sous peu un talent pour les regroupements d'individus. Vous avez l'art de créer un climat de *solidarité*. C'est une lourde tâche mais elle est nécessaire. Vous devez agir avec force et détermination.

238 COLLABORATION ☆☆☆: Voici que des événements vous amèneront à fonctionner en groupe même si vous préféreriez travailler en solitaire. Les difficultés de départ seront vite compensées par une efficacité accrue.

241 SOLILOQUE ☆: Vous avez apparemment tendance à répéter le scénario suivant : d'abord, vous vous donnez un idéal impossible. Puis, vous vous rendez compte que vous êtes impuissant à l'atteindre. Ensuite, vous vous reprochez de ne pas être à la hauteur de votre idéal. Enfin, vous vous persuadez que vous êtes un incapable. Vous devez couper cette tendance aux premiers signes.

242 RACINES PROFONDES ☆☆: Les racines de l'auto-accusation sont profondes. On ne peut les arracher d'un seul coup. Un grand travail de neutralisation de la *culpabilité* doit être entrepris. Vous ne devez cependant pas chercher à aller trop vite. Ce nettoyage demande du temps.

243 CONSCIENCE ☆☆☆☆: Vous découvrirez bientôt que la source de votre problème est intérieure. Cette constatation est un événement heureux, même si certaines vérités semblent douloureuses. Vous connaîtrez bientôt une période de grande détente.

244 ACCEPTATION ☆☆☆: Votre situation semble confuse. Ce n'est que temporaire. Vous ne devez pas changer de position. L'objet de votre problème recevra un nouvel éclairage qui renversera complètement les données. Soyez patient malgré votre désir de connaître immédiatement l'issue de la situation.

245 ACCUSATEUR ☆☆: Une personne de votre entourage vous adresse très régulièrement des reproches. En retour, vous avez tendance à lui reprocher son attitude. Le jeu continue et rien ne change. Ces voix accusatrices alimentent votre *culpabilité*.

246 SCRUPULE: Vous avez trop de scrupules au sujet de la situation qui vous touche. Vous vous retenez comme si quelqu'un jugeait vos actes. Vous devez dépasser cet état qui ralentit vos élans.

247 AFFRANCHISSEMENT ☆☆☆☆: À force d'attention, vous semblez avoir délogé le pouvoir maléfique de la *culpabilité*. Les choses peuvent maintenant vous apparaître avec leurs vraies couleurs. En vous aimant vous-même, vous pouvez aimer les autres. Votre situation est très avantageuse.

248 FREIN INTÉRIEUR ☆: Votre vitalité semble retenue par des difficultés passagères. Il importe cependant que vous ne jetiez pas le blâme sur votre entourage en ce qui concerne ces désagréments. Vous devez voir, au contraire, que l'obstacle est en vous.

251-258 ALLÉGRESSE

251 RAYONNEMENT ☆☆☆: Vous connaîtrez sous peu un climat affectif calme et serein, quelque chose comme une envie de danser. Les autres voudront se rapprocher de vous parce que cette légèreté est communicative.

252 ARTIFICE: Vous vivrez sous peu une situation artificielle. Une personne de votre entourage ou vous-même serez amené à adopter une attitude joyeuse alors que le cœur serait plutôt à la tristesse ou à la colère. Évitez de vous méprendre.

253 DÉBORDEMENT ☆☆☆: Laissez-vous gagner par la joie de certaines personnes de votre entourage. N'importe quelle tâche peut être accomplie dans la bonne humeur. Vous vous découvrirez plus détendu et plus efficace.

254 INCOMPRÉHENSION ☆☆: Vous auriez envie de rendre heureuses les personnes de votre entourage. Vous agissez dans ce sens, mais les résultats sont parfois décevants. Vous avez tendance à trop vous en faire.

255 PLAISIR ☆☆☆: L'*allégresse* prend ici la forme du plaisir. Il s'agit plus exactement d'une joie passagère que vous trouverez de façon inattendue. Elle vous procurera cependant des satisfactions qui dureront. Il se pourrait qu'une rencontre soit à l'origine de ce plaisir.

256 EXUBÉRANCE ☆☆: Il arrive parfois que les périodes heureuses vous rendent trop exubérant et même anxieux. Ne sabotez pas les possibilités et les moments de bien-être. Savourez-les plutôt comme ce qu'il y a de plus précieux. Tout ce qui calme l'agitation est recommandé dans cette chambre.

257 INNOCENCE ☆☆☆☆: Vous vivrez prochainement une grande joie tranquille. Vous aurez l'impression de retrouver une certaine innocence. Chaque chose va trouver sa place, chaque question sa réponse. Bonne fortune.

258 TENDRESSE ☆☆☆☆: Quand la joie est profonde, elle engendre la douceur et la tendresse. En ce moment, vous n'avez pas à vous agiter. Il suffit que vous restiez attentif à ce que vous êtes en train de vivre. Adoptez une attitude tendre à l'égard de vous-même. Il est temps de vous occuper de vous.

261 DON EXAGÉRÉ ☆☆☆: Tout semble indiquer que vous vous dépensez beaucoup pour les autres. Vous les nourrissez biologiquement, émotivement, financièrement ou intellectuellement. Vous savez donner mais vous semblez avoir des difficultés à recevoir. Il faut rétablir cette situation pour améliorer vos rapports avec les autres.

262 CONNAISSANCES ☆☆: L'objet de l'enquête a trait à la nourriture mentale ou émotive. Vous êtes en mesure de vous alimenter, mais il y a un obstacle. Il ne s'agit pas d'un manque d'aptitudes, mais plutôt d'un blocage psychologique qui inhibe votre goût d'apprendre et le freine.

263 SPIRITUALITÉ ☆☆: Le moment est venu de chercher des réponses aux questions qui vous préoccupent depuis de nombreuses années. Votre disposition actuelle semble propice à ce genre de réflexion. Vous auriez avantage à en parler avec une personne de votre entourage ou avec un conseiller.

264 NOURRIR ☆☆☆☆: Vous avez beaucoup à offrir aux autres. Ce désir de nourrir est fort et peut orienter votre choix de vie. Vous avez avantage à vous mettre en communication avec d'autres personnes qui pourront vous seconder dans la réalisation de votre rêve. Grand succès.

265 CAGE DORÉE: Voici l'exemple de celui qui se nourrit continuellement des autres. Il finit par croire que tout lui est dû. Il considère donc comme acquis ses relations, ses parents, ses amis. Tout lui est servi sur un plateau d'argent. Il est comme un oiseau dans une cage dorée.

266 MALAISES ☆: Vous pourriez réussir à vous guérir par vous-même d'un malaise qui vous incommode depuis plusieurs années. Vous devez surveiller attentivement ce que vous recevez des autres et comment vous le recevez. Une attitude que vous ne remarquez pas en ce moment agit sur vous à votre insu.

267 POURVOYEUR ☆☆☆☆☆: Vous avez l'habitude d'être pourvoyeur de biens et de services de toute sorte pour les autres. Cela implique de lourdes responsabilités de même qu'un immense sentiment de réalisation et de joie. Vous connaîtrez un grand rayonnement dans votre milieu.

268 PAIX ☆☆☆: Vous atteindrez un état d'équilibre par la façon de vous nourrir physiquement et mentalement. Ce que vous échangez avec les autres joue aussi un rôle important. Vos rapports prochains seront plus harmonieux. Cette position conduit naturellement à une grande paix.

271-278 SOLITUDE

271 PROGRÈS ☆☆☆: Vous éprouvez peut-être certaines difficultés à vous retrouver seul. Pourtant, il s'agit en l'occurrence d'un état très favorable. Il suffit d'accepter l'aspect lourd du départ. L'état actuel prépare un événement heureux.

272 FUTILITÉ ☆: Vos relations sociales risquent de devenir accaparantes. Il se peut que la situation actuelle vous serve à fuir une réalité à laquelle vous ne voulez pas faire face. La *solitude* pourrait apporter une réponse insoupçonnée.

273 BULLE : Quelqu'un de votre entourage ou peut-être vous-même vivez comme dans une bulle. Le contact avec les autres a été coupé et il semble difficile de rétablir la communication. Cette situation exigera beaucoup de patience.

274 SILENCE ☆☆☆: Malgré vos engagements et vos occupations, il est important que vous vous ménagiez des zones de silence. Vous aurez prochainement d'importantes décisions à prendre. Vous devez vous préparer à ce qui vient.

275 MATURATION ☆☆☆☆: Une période de *solitude* devrait vous permettre de retrouver vos forces et de dépasser une situation. Un grand succès est assuré à partir de maintenant.

276 HAVRE ☆☆: Vous auriez avantage à prendre des distances par rapport à un groupe ou un individu. Pareille décision n'est pas facile à prendre. Elle vous permettra cependant de vous ressourcer. Un havre de silence est tout indiqué pour vous permettre de réfléchir à la meilleure façon de vous comporter dans les circonstances.

277 RETROUVAILLES ☆☆☆☆: Tout semble indiquer qu'une personne que vous avez perdu de vue depuis longtemps refera surface dans votre vie. Ces retrouvailles seront le début d'une relation captivante.

278 DISTANCE ☆: Vous auriez avantage à prendre quelque distance en vous retirant dans la *solitude*. Les forces en cause sont trop grandes pour que vous puissiez y faire face sans un temps de préparation. Ce repli n'a rien à voir avec la faiblesse ni avec la lâcheté. Il s'agit plutôt de la plus sage décision dans les circonstances.

281 FRAYEUR ☆☆☆: Vous aller vivre une *surprise* tellement forte et totale que vous en serez effrayé. C'est un peu comme si un fantôme vous apparaissait soudainement. Mais il ne s'agit que d'une réaction de départ. Par la suite, vous connaîtrez un grand soulagement et une excellente chance.

282 ÉTONNEMENT ☆: Une découverte que vous ferez pourrait changer votre vie. Il peut s'agir d'un secret qu'on vous révélera ou d'une intuition qui vous frappera. Soyez attentif, un petit détail vous mettra sur la piste.

283 OFFRE ☆☆: Vous recevrez sous peu une proposition. Vous serez surpris et désemparé. Cette offre sera alléchante et vous permettra d'espérer un grand changement dans votre vie. Vous devez d'abord retrouver votre calme, sinon tout risque de rater. Vous ne devez rien décider avant d'avoir mûrement réfléchi.

284 AVEUGLEMENT: Vous vous trouverez prochainement dans une situation dont le déroulement semblera vous échapper complètement. Apparemment, vous serez le seul surpris de ce qui vous attend puisque tout le monde autour de vous peut prévoir la suite des événements. Tout cela se prépare depuis longtemps.

285 RENCONTRE-SURPRISE ☆☆☆☆: Une rencontre-surprise avec une personne inconnue va vous ouvrir de nouvelles perspectives. Votre travail, vos activités ou vos amours pourraient s'en trouver modifiés. La peur de l'inconnu vous retiendra peut-être.

286 BARRAGE ☆☆: Un conflit inattendu risque de surgir. Plusieurs personnes seront touchées. Le climat s'en trouvera perturbé. Vous serez le seul à résister au courant. Votre comportement créera un effet de *surprise* encore plus grand. Vous devrez tenir bon. Vous finirez par faire valoir votre position.

287 FRAÎCHEUR ☆☆☆☆: Vous pouvez voir chaque chose comme un événement surprenant. Il suffit de renouer avec la jeunesse du cœur. Certaines personnes vous envieront. Il importe que vous conserviez intacte votre fraîcheur naturelle.

288 INATTENDU ☆☆☆: Un événement inattendu viendra sous peu remplir un vide dans votre vie. Vous devrez vous y consacrer avec attention. Il s'agit d'une chose importante.

311-318 DÉPENDANCE

311 SUBORDINATION : Vous vous êtes peut-être trop avancé dans une relation avec un parent, en amour ou au travail. Faire trop de concessions finit par fatiguer. Vous devez vous ressaisir et penser à votre intérêt. Une attitude plus fière est tout indiquée.

312 SERVICE ☆☆☆☆: Vous êtes placé dans une situation exceptionnelle par rapport au Destin. Vous avez les ressources qui permettent d'aider les autres avec efficacité. Votre flexibilité est votre plus importante qualité pour le moment. Vous exercerez un ascendant même sur des personnes très puissantes. Cette position est très favorable.

313 DISCERNEMENT ☆: Il y a peut-être dans votre entourage des gens qui ne vous influencent pas dans le sens de votre intérêt. Ces personnes ne sont pas dignes de vous car elles ne sont pas attentives à vos besoins. Vous auriez avantage à fréquenter moins assidûment ceux qui ne peuvent vous élever intellectuellement, affectivement, ni matériellement.

314 FLATTERIE ☆☆: Vous vous trouverez sous peu dans une position d'autorité. Vous attirerez des associés ou des auxiliaires. Vous avez le don de trouver de bons collaborateurs. Vous semblez cependant sensible à la flatterie. Certaines personnes le devineront et auront tendance à profiter de cette faiblesse. Soyez attentif. Il est encore temps de les neutraliser.

315 GUIDE ☆☆☆: Un grand besoin d'apprendre vous mettra à la recherche d'un guide. Vous découvrirez sous peu une personne ressource dont l'influence sera très bénéfique dans votre vie. Le moment est chargé de promesses.

316 IMAGE ☆: Il faudrait vous montrer plus indépendant et autonome par rapport à ce qui vous préoccupe. Cependant, vous ne devez pas développer d'agressivité à l'égard des personnes et des situations dont vous voulez vous affranchir. De la compréhension et de la patience vous aideraient à rompre vos dépendances et à trouver la liberté que vous désirez.

317 MÉDIATEUR ☆☆☆☆: Votre rôle dans cette affaire n'est pas celui d'un commandant, mais plutôt celui d'un intermédiaire entre deux parties. Cette mission exigera de vous les qualités du diplomate et du médiateur. Cette tâche est essentielle pour votre entourage.

318 OBÉIR ☆: La perspective d'avoir à vous soumettre à une situation vous rend réticent. Vous ne devez cependant pas craindre de perdre votre indépendance et votre pouvoir. Vous devez considérer que cet état est provisoire et que c'est une étape vers autre chose.

321 PASSIVITÉ ☆: Vous ne pourrez pas faire grand-chose dans une situation où vous aimeriez intervenir. Le *courage* consiste parfois à rester passif. Soyez discret et ne vous emportez pas. Le moment venu, vous pourrez vous lancer dans une action d'éclat.

322 PONDÉRATION ☆☆☆: Une personne vous mettra bientôt en situation de défi. Il est important que vous évaluiez la chose. La meilleure attitude à adopter peut être de ne pas réagir. À vous de juger.

323 GUET-APENS ☆☆: Cette situation présente des risques. Mais vous ne devez pas vous abandonner à une crainte qui serait inutile. Les obstacles que vous avez à affronter dépendent surtout de vous et de votre attitude. Si vous faites preuve de souplesse et de finesse, le piège sera évité.

324 VICTOIRE ☆☆☆☆: Vous pourrez éviter sous peu une situation embarrassante. Il vous faudra beaucoup de détermination et de considération pour l'ordre établi. Restez solidaire de votre milieu.

325 ENCOURAGEMENT ☆☆☆☆: Certaines personnes dans votre entourage comptent sur vous. Votre détermination et votre *courage* les rassurent. Vous pouvez beaucoup pour eux. Vos encouragements les aident à tenir le coup.

326 RISQUE ☆: Vous aurez à faire face, sous peu, à une situation délicate. Vous connaîtrez l'incertitude et ne saurez plus quelle résolution prendre. Vous devez rester conscient des risques que vous courrez. Restez vigilant et discret. Cette attitude attentive et éveillée vous permettra d'éviter le danger.

327 ROYAUTÉ ☆☆☆☆☆: Ce que vous êtes sur le point d'entreprendre est particulièrement périlleux. Cette affaire est considérée par plusieurs comme impossible. Mais vous êtes alimenté intérieurement par une confiance et une détermination ardentes. Vous êtes certain de réussir. Voici un Destin remarquable. Vous connaîtrez une période royale.

328 FAÇADE : Il est parfois utile de se replier derrière une façade. Dans la maison du *courage*, vous n'avez plus à le faire. Le moment est venu d'afficher vos sentiments et vos intérêts véritables.

331-338 CHANGEMENT

331 CONTRACTION : Vous éprouverez une certaine contraction devant le *changement*. La crainte de la nouveauté et votre attachement à la situation antérieure expliquent cette attitude. Une dépense supplémentaire d'énergie vous sera nécessaire. Cet état fait penser au voilier qui lutte contre le vent avant de trouver une position lui permettant de l'utiliser à son avantage.

332 INTÉRIEUR ☆☆: La révolution que vous vivrez est nettement d'ordre psychologique ou spirituel. Rien n'apparaît encore de l'extérieur. Vous ne devez pas vous inquiéter de l'anxiété qui accompagne ce *changement*. Quelque chose de nouveau est en train de naître. Il ne faut surtout pas que vous vous jugiez trop sévèrement.

333 RÉVOLUTION ☆☆☆☆: Voici une triple chambre, toujours exceptionnelle. Elle est au cœur d'un *changement* dont vous êtes l'un des moteurs. Vous éprouverez un grand sentiment de réalisation personnelle en même temps que d'incompréhension provisoire. Vous devez tenir à vos principes tout en réexaminant constamment vos attitudes et vos motivations.

334 ORDRE NOUVEAU ☆☆☆: Quand le *changement* est accompli, arrive le moment de mettre de l'ordre, d'appliquer les nouveaux principes, de régler les problèmes en suspens. Le danger actuel consiste à vouloir maintenir coûte que coûte l'excitation passée. Il vous faut maintenant reprendre goût au rythme de la vie quotidienne.

335 RENVERSEMENT SOCIAL ☆: Un *changement* social ou culturel vous obligera prochainement à revoir votre position. Cela dépasse de loin votre volonté personnelle. Vous en serez sérieusement affecté. Vous en subirez en quelque sorte les contrecoups. On ne peut empêcher le mouvement. Vous devrez épouser la tendance ou songer à changer de milieu.

336 EMPÊCHEMENT ☆: Quelque chose dans votre situation familiale, professionnelle ou amoureuse empêche le progrès. Un parent, un collègue, un enfant bloque le mouvement, freine la communication. Vous auriez avantage à prêter une attention accrue à ce qui se passe.

337 FIN ☆☆☆☆: Quand la roue du Destin accomplit un cycle, on en arrive inévitablement à la fin de quelque chose : fin des études, d'un amour, d'un voyage, d'un projet. Quelque chose est définitivement terminé. Il vous faudra en faire le deuil. Une fois le deuil accompli, un nouveau cycle sera inauguré.

338 IMMOBILITÉ ☆☆: Le *changement* qui s'en vient est déclenché par l'immobilité. Il pourrait s'agir, par exemple, de maladie, de vacances, de chômage. Cette occasion vous permettra de faire le point sur la situation. Autrement, vous ne découvrirez pas la vérité.

341 SANTÉ ☆: Cette maison concerne les questions de santé et de guérison. Vous trouverez la solution à un problème d'ordre physique. Vous aurez cependant tendance à répéter certaines erreurs. Vous devez rester sensible à la possibilité d'une recrudescence du malaise. Mais en en découvrant la cause, vous pourrez plus sûrement intervenir.

342 APPÉTIT ☆☆☆: Vous allez traverser une période de fringale dans divers domaines : alimentaire, sexuel, culturel. Vous n'aurez plus envie de vous retenir mais vous laisserez libre cours à cet état qui risque de prendre les allures d'une fête.

343 PARASITES ☆☆: On a tendance à exiger beaucoup de vous. Il s'agit peut-être d'amis accaparants. Prendre des distances vous allégerait. Votre changement d'attitude les disposera autrement, ce qui améliorera grandement la situation.

344 PARTIR ☆☆☆: On pourrait comparer votre situation actuelle à celle d'un enfant qui a décidé de quitter la maison de ses parents et de vivre de façon plus indépendante. Rien ne peut être ajouté ni retranché à votre décision. Vous devez exécuter ce geste avec fermeté, clarté et compréhension. Il ne faut pas regarder en arrière ni sombrer dans la culpabilité.

345 ORIENTATION NOUVELLE ☆☆☆: Un talent nouveau ou des ressources insoupçonnées vont vous permettre d'envisager une nouvelle situation. Vous pourrez quitter votre position et songer à vous recycler dans une orientation à la hauteur de vos possibilités et de vos désirs. Cette décision est difficile car elle implique d'autres personnes. Une grande chance se prépare.

346 ADVERSAIRE ☆☆: Vous aurez à faire face à un obstacle, à une situation adverse qui vous retient et arrête votre élan. Vous devrez observer les faits avec intelligence et patience. Mais l'adversaire en question est fort. Tout indique que vous vaincrez si vous ne reculez pas et si vous conservez votre détermination.

347 BIEN-ÊTRE ☆☆☆☆: Vous connaîtrez sous peu une grande libération. Vous comprendrez que vous étiez vous-même la cause de votre problème. Vous vous découvrirez des ressources affectives insoupçonnées. Le chemin est long mais plus rien ne pourra vous arrêter puisque vous serez sur la voie d'un grand bien-être.

348 SOULAGEMENT ☆☆: Voici un départ qui n'en est pas tout à fait un. Il reste encore beaucoup de résidus à éliminer. L'état de liberté souhaité va encore se faire attendre. Il semblerait que vous répétiez encore un scénario ancien. Il serait important que vous arriviez à le neutraliser.

351-358 RÉUSSITE

351 RETARDEMENT ☆: La pleine *réussite* est empêchée en raison d'un obstacle mineur qui en retarde l'avènement. Il se peut qu'une personne de votre milieu vous freine. Mais il semble prématuré de vouloir éliminer la difficulté, car une série d'obstacles plus importants pourrait surgir. Vous devez rester calme.

352 AUTOPUNITION: Vous avez tout pour réussir. Mais chaque fois que le succès approche, vous déclenchez une catastrophe mineure qui a pour effet d'empoisonner l'atmosphère. Il est nécessaire que vous preniez conscience de ce mécanisme autopunitif. Les difficultés que vous rencontrez en amour, au travail ou dans la vie familiale dépendent pour une bonne part de cette fâcheuse attitude que vous avez de ne pas accepter la *réussite*.

353 COMPÉTITION ☆: Vous vous êtes laissé prendre par une image de la *réussite* qui repose sur la compétition. Cette situation entraîne inévitablement de l'anxiété et du déplaisir qui ternissent le succès même. Plus de confiance en vous vous permettra de dépasser ce niveau.

354 RECTIFICATION ☆☆☆: Une belle *réussite* s'annonce ici. Elle est méritée. Vous êtes en mesure de rectifier une situation passée, par exemple, en réparant une injustice, en réalisant une promesse, en admettant une erreur. Vous devez continuer la réflexion et rester conséquent avec vous-même.

355 MOYENS DOUTEUX ☆: Il est question ici d'un succès flamboyant. Mais il a été acquis avec des moyens douteux. À part vous, personne ne soupçonne ce qui se passe vraiment. Vous devez rester discret. À l'occasion, vous pourrez signaler à la personne intéressée que vous êtes au courant.

356 LIBÉRATION ☆☆: Une *réussite* se présentera à vous sous l'aspect d'un échec. En réalité, vous serez libéré d'une responsabilité qui était trop lourde à porter. Vous hésitiez à vous dégager de ce fardeau malgré l'envie que vous en aviez. Vous éprouverez une grande détente à la suite de cette décision.

357 RÉUSSITE COLLECTIVE ☆☆☆: Il s'agit ici d'un succès qui est le résultat d'un effort collectif. Il est capital de donner à chacun la part qui lui est due. Vous devez veiller à ce que chacun reçoive ce qui lui revient, même si certains semblent avoir la mémoire courte. Quelque chose est en train de se répéter ici.

358 CONTINUITÉ ☆☆☆☆: Cette position indique que le succès est déjà assuré depuis un certain temps. L'avenir s'annonce bien. Vous pouvez songer à élargir vos vues, à raffiner vos méthodes et à penser à plus long terme. Cette situation vous permet de voir loin.

361 SAISON ☆☆: Un passage à une nouvelle époque ou un changement de saison produit un essoufflement. C'est un cycle naturel qui n'est dû ni à un abus ni à une cause psychologique. Votre *fatigue* est le résultat de votre labeur. Une récolte s'annonce féconde.

362 MÉLANCOLIE ☆☆: La mélancolie fait sentir le poids de la monotonie du quotidien qui s'épelle au rythme du métro-boulot-dodo. Ces ternes habitudes vous entraînent dans une disposition où tout vous semble ennuyeux. Pour vous sortir de cet état, vous devez observer attentivement ce qui vous entoure et chercher à repérer un élément qui présente des caractéristiques jusqu'alors insoupçonnées.

363 DÉSESPOIR ☆☆☆☆: Vous éprouverez une envie soudaine de partir, de quitter une situation. Mais l'appréhension du désespoir vous épuise. Un grand changement va s'opérer à court terme. Votre organisme le ressent déjà. Restez optimiste.

364 LASSITUDE: Il arrive que vous soyez victime de votre propre agitation. Vous voulez tout faire, tout avoir, tout de suite. Vous avez par ailleurs tendance à trop vous inquiéter. Il est inévitable qu'une *fatigue* vous assaille de temps à **autre.**

365 SURMENAGE ☆☆: Voici l'exemple de quelqu'un qui serait victime de sa propre générosité. Le sort de tout le monde vous distrait de vos propres besoins. Il est temps que vous soyez attentif à vous-même. Vous auriez avantage à passer plus de temps à vous occuper de vous, ne serait-ce que pour vous ressourcer.

366 COMPASSION ☆☆☆☆: Dans cette chambre, il est indiqué que l'on se sent préoccupé par le sort des proches. Les difficultés d'une personne que vous aimez pourraient vous attrister. Vous vous sentirez solidaire d'elle. Cet état n'est pas à blâmer; il est le signe d'un grand cœur et se transformera en action bienfaisante.

367 TRAVAIL ☆: Trop de travail intoxique. Cet état est dur à guérir parce que le surmenage cache souvent une difficulté d'un autre ordre. Il y a quelque chose de suicidaire dans l'attitude qui consiste à vouloir continuellement dépasser ses forces. Souvent, une maladie sert de signe d'alarme. Vous auriez avantage à vous arrêter ou à freiner une personne qui vous tient à cœur.

368 ESSOUFFLEMENT ☆☆☆: Il se peut que vous éprouviez un certain épuisement. La période actuelle s'y prête. D'où la nécessité de vous arrêter et de prendre des mesures appropriées et des décisions précises. Cet état ne changera pas immédiatement. Il est préférable que vous pensiez à long terme.

371-378 CYCLE

371 INGÉNUITÉ ☆☆☆☆: Vous devez faire confiance aux mouvements de votre corps. Vous avez avantage à conserver un esprit de débutant et une fraîcheur enfantine. Vous devez veiller à ne pas vous laisser contaminer par les esprits lourds et empesés.

372 RÉFLEXE ☆☆: Vous vivrez prochainement un mouvement intense. Vous devrez agir rapidement. Pour éviter les obstacles, il vous faudra des réflexes de coureur automobile. L'élan spontané est absolument essentiel ici. Le doute vous ferait faire des erreurs.

373 RUDESSE ☆☆☆: De nombreuses relations sociales vous obligent à tenir compte des usages et des formalités. Pourtant, votre naturel serait plutôt direct et sans manière. S'il vous arrive de faire des accrocs à la bienséance, vous le faites avec tant de transparence que l'on vous pardonne spontanément.

374 IMPROVISATION ☆☆: Ce qui s'en vient est inattendu et produira un effet de surprise. Vous ne pouvez pas le prévoir. Vous devrez cependant agir avec le plus grand naturel, un peu comme un capitaine de navire très expérimenté qui, devant une tempête soudaine, ne suit que son instinct.

375 ATTRACTION ☆☆: Vous serez sous peu attiré par une autre personne. C'est une expression naturelle de l'attraction des corps. Vous rencontrerez des obstacles parce que cette affaire risque de heurter les coutumes de votre milieu social.

376 PENSÉE AGITÉE: Vous serez assailli par un véritable délire de pensées : rêves, ambitions, attentes, déceptions, illusions. Cela explique votre difficulté d'agir. Il n'est pas utile de trop penser ou de chercher à tout prévoir et contrôler. Vous devez travailler à calmer votre esprit quand vous sentez que votre pensée s'emballe.

377 GRÂCE ☆☆☆☆☆: La perfection de la nature consiste à se dépasser dans une force supérieure. Vous devez renoncer à diriger les choses par les seules capacités naturelles de votre pensée. Il vous faut vous abandonner à une force supérieure et universelle. C'est ainsi que vous obtiendrez une plus grande spontanéité. Le Destin favorise particulièrement cette chambre.

378 PROCÉDURES ☆: Des procédures risquent de vous ralentir. Elles vous feront perdre votre naturel et votre aisance. Il est conseillé de ne pas agir tout de suite pour ne pas ajouter de lourdeur. Laissez passer un peu de temps avant d'intervenir.

381 GESTATION ☆☆☆☆: Vous êtes sur le point d'engendrer une idée, un projet, une personne. Le travail a été long, et parfois pénible et angoissant. Mais toutes les difficultés vont bientôt disparaître, de même que le doute et la peur. Vous devez rester en attente et réceptif.

382 PROCRÉATION PRÉMATURÉE ☆☆☆: Il se pourrait que dans un avenir prochain, vous contribuiez à la naissance d'un projet, d'une idée, d'une relation. Cette situation inattendue dérangera vos habitudes. Il faudra vous y faire.

383 INTIMITÉ : Cette situation ressemble à celle de quelqu'un que l'on protège beaucoup. Le sort vous a placé à côté d'une personne ressource très accaparante. Ce type de relation est en général exigeant et ne laisse pas d'espace personnel. Vous devez travailler à vous reprendre en main et à créer votre propre intimité.

384 SUBSTITUT ☆: Vous cherchez assez régulièrement un soutien autour de vous. La dépendance vous déplaît, mais vous éprouvez le besoin que l'on s'occupe de vous, que l'on vous entoure. Laissez-vous aller à ce goût et acceptez l'attention de ceux qui vous chérissent.

385 ENVAHISSEMENT ☆: Des personnes ou des projets qui dépendent de vous deviennent exigeants. Ils demandent toujours plus d'attention. Il est normal que vous craigniez parfois que les gens n'apprécient pas à sa juste valeur ce que vous faites pour eux. Cette situation doit être révisée. Passez plus de temps à vous occuper de vous.

386 GRATIFICATION ☆☆☆: Vous vous trouverez sous peu dans une situation comparable à celle d'une mère qui doute de son rôle. Votre incertitude sera alimentée par votre entourage. Vous devez rester imperméable aux jugements des autres. Une attitude maternante fait partie de votre équilibre. Elle est de plus très précieuse pour les gens qui vous entourent.

387 HUMANISME ☆☆☆☆☆: Cette chambre porte sur des questions d'ordre général ou international. Vous serez absorbé par des problèmes qui vous touchent à de multiples niveaux. Vous exercerez une influence très favorable sur les autres. Vous serez en état de les aider et de régler des problèmes de tout genre.

388 STÉRILITÉ ☆☆: Vous devez renoncer à un projet ou à une relation qui vous tenait fort à cœur parce que cette situation est devenue stérile pour vous. Le Destin vous a préparé pour une entreprise qui a beaucoup d'envergure et dans laquelle vous réussirez.

411 CONFRONTATION ☆☆☆: Cette chambre concerne les premiers stades d'un projet. Vous pouvez espérer une réussite uniquement si vous clarifiez davantage les besoins et les rôles de chacun. Vous ne devez pas hésiter à provoquer une confrontation si cela s'avère nécessaire. L'avenir en dépend.

412 RESSOURCES ☆☆: Les obstacles que vous rencontrez dans un groupe viennent d'une certaine confusion par rapport aux ressources disponibles : argent, matériel, clientèle, employés. Personne n'en parle clairement. Ce silence est déplorable et n'arrange pas la situation. Il est encore temps d'y remédier en affrontant directement le problème avec les personnes concernées.

413 ÉQUIPÉE ☆☆: Le voyage est un véritable défi à l'union d'un groupe. La profondeur des liens est rapidement mise à l'épreuve en raison de l'insécurité des membres. Cette chambre renvoie à une occasion de voyage. Voici une merveilleuse possibilité de renforcer l'esprit de collaboration.

414 JUSTICE ☆: Cette chambre concerne les questions de justice entre les membres d'une équipe. Vous avez peut-être décelé un danger de favoritisme qui fait suite à un trop grand laisser-aller. Certaines personnes se sentent lésées. Travaillez à clarifier la situation et à redonner du tonus à cette équipe.

415 INFLUENCE ☆☆☆☆: Un ensemble de relations profondes faites de loyauté, de modestie et de respect se rencontre dans cette chambre. L'influence que les membres exercent les uns sur les autres est bénéfique. Vous pouvez compter sur eux tout comme eux savent qu'ils peuvent attendre beaucoup de vous.

416 CONJOINTS : Une relation tendue entre conjoints dépend de ce que chacun cherche à convertir l'autre, à l'attirer sur son propre territoire. Vous devez faire l'effort de vous ouvrir à l'autre et de ne pas lui retourner ses reproches. C'est à cette condition seulement que vous éviterez un envenimement de la situation.

417 GRAND POUVOIR ☆☆☆☆☆: Vous détenez les principales qualités pour être un chef. Il se peut que vous rencontriez certaines difficultés pour faire l'unité d'un groupe. Vous devrez mettre à contribution vos aptitudes de leader. Votre persévérance viendra à bout de la résistance des autres.

418 CLARTÉ ☆☆☆: Votre bien-être dépend de votre capacité à assumer une position claire dans la situation. Vous devez chercher à saisir l'exacte nature de votre rôle. Une connaissance lucide des forces en jeu et de ce qu'on peut attendre de chacun devrait vous permettre de tirer le maximum de la situation.

421 BALLOTTEMENT ☆☆☆☆☆: L'*éparpillement* émotif fait que l'on ne sait plus qui croire ni à qui donner son cœur. Il fait passer par de multiples émotions comme une chaloupe en plein vent. Le Destin que vous êtes sur le point de choisir vous conduira cependant à une destinée remarquable. Gardez votre légèreté.

422 BRICOLEUR ☆☆☆: Il se peut que vos réussites paraissent superficielles à quelques-uns. Peut-être avez-vous tendance à vous disperser dès qu'il s'agit d'aller en profondeur. Vous semblez cependant posséder un véritable talent qui peut se manifester dans divers domaines.

423 CRITIQUE ☆☆: Vous vous trouverez bientôt sous les feux de la critique. Le vent souffle de tous les côtés. Vous ne devez surtout pas tenter de camoufler la vérité. Au contraire, exposez-la ouvertement et candidement. Inutile de vous défendre par ailleurs car vous n'avez rien à vous reprocher.

424 PASSÉISME : Vous risquez d'être impliqué dans une relation qui s'effiloche. Ce n'est pas facile à accepter. Vous éprouverez sans doute de la nostalgie par rapport au passé. Mais ne vous laissez pas dévorer par la culpabilité. Vous n'êtes pas l'unique responsable de cette situation.

425 IDÉES BOURDONNANTES ☆: Ne vous laissez pas envahir par des pensées bourdonnantes. Laissez passer un peu de temps et changez-vous les idées. Pour le moment, c'est ce qu'il y a de mieux à faire.

426 PANNE ☆☆: Vous vous dépenserez beaucoup prochainement : en avoir, en savoir, en pouvoir. Il se peut que vous vous sentiez provisoirement vidé. Le moment est venu pour vous de refaire des réserves, de refaire le plein. N'ayez pas de scrupule à accepter l'aide des autres.

427 DISPERSION CRÉATRICE ☆☆☆☆: Vous semblez maintenant prêt à dispenser aux autres des connaissances, des soins, de l'attention. Vous êtes comme un arbre plein de fruits. Que les autres s'en nourrissent. Vous gagnerez beaucoup à cet *éparpillement*.

428 AVANT LA TEMPÊTE ☆☆: Vous serez prochainement placé au cœur même de l'ouragan. La tempête qui s'annonce apportera bien des débris, nettoiera bien des endroits négligés. Vous aurez avantage à rester ferme dans la tourmente et à rassembler toutes vos forces.

431-438 CÉLÉBRATION

431 BEAUTÉ ☆☆: Vous manifestez des dispositions pour la *célébration* des apparences physiques et la beauté des formes. Que ce soit par le moyen de la création artistique, de la relation sexuelle, ou par l'amitié, la forme semble vous importer. Vous avez avantage à développer votre sens artistique par rapport à ce qui vous entoure.

432 PRINCIPE OBSCUR : Un principe obscur s'introduit dans un groupe auquel vous appartenez. Imperceptiblement, l'atmosphère s'est détériorée. Personne à part vous ne semble s'en être rendu compte. Vous devez tenter, discrètement et avec diplomatie, de redonner du tonus à la situation.

433 CÉLÉBRITÉ ☆☆☆: Le moment de la célébrité semble arrivé. Plus tôt, vous n'étiez pas prêt à assumer le poids de la réussite. Une ouverture et une certaine indifférence de votre part vont améliorer la situation. Vous êtes maintenant disposé pour la *célébration*. Cela ne saurait tarder.

434 FORMALISME ☆: Il s'agit ici d'une *célébration* qui est vécue de façon purement formelle. Il se peut que vous éprouviez un certain ennui et une difficulté à communiquer avec ceux qui vous entourent. Les apparences et la dimension formelle ont pris trop d'importance dans la relation. Il serait temps pour vous de corriger cette situation.

435 LENDEMAIN ☆☆: Pour éviter de souffrir, vous auriez avantage à ne pas vous accrocher à ce qui est terminé. Chaque fête a son lendemain. Votre joie reviendra lorsque vous aurez liquidé les ombres du passé. Une attitude plus légère peut d'ailleurs produire un renversement de la situation.

436 TROUBLE-FÊTE ☆: La situation actuelle pourrait être plus gaie et même prendre l'allure d'une fête si vous vous laissiez aller à un peu plus de légèreté. Sans vous en rendre compte, il vous arrive de vous empêcher d'être gai. Vous auriez avantage à prendre un peu moins au sérieux certains aspects de votre vie et à vous laisser gagner par la joie.

437 ENVOÛTEMENT ☆☆☆☆: Vous vous sentirez sous peu dans un état de rayonnement intérieur. Votre charme séducteur envoûtera les autres. Les forces de votre esprit se verront dans vos gestes et vos attitudes de corps. Ne vous laissez cependant pas prendre au piège de l'orgueil.

438 ÉTERNITÉ ☆☆☆☆☆: Cette chambre annonce une *célébration* continue, un état de grâce constant. Vous pourriez percevoir la beauté de chaque chose dans l'instant. Les gens qui vous entourent seront sensibles à cette joie profonde. Le climat à venir sera très détendu.

441 DISCIPLINE ☆☆: Vous éprouverez de l'anxiété par rapport à une *loi*, à un principe, à un règlement. Vous sentirez peut-être votre liberté menacée par une institution ou par une discipline. Ne craignez pas de vous y perdre. Vous pouvez avoir confiance, la discipline ici n'est qu'une possibilité d'exercer votre force vitale.

442 LOI DU DESTIN ☆☆: Parfois, il faut obéir à une *loi* universelle. Cette chambre indique que c'est le cas ici. Vous serez poussé par une force incompréhensible et vous risquez d'être dépassé par ce qui arrive. Il est inutile de lutter contre cela. Cette force est plus active que votre volonté.

443 CONFRONTATION ☆: Vous serez sous peu amené à obéir à une *loi* au nom de principes supérieurs. Cette situation sera très délicate. Au lieu d'affronter directement l'autorité, ce qui risquerait de vous attirer beaucoup d'adversité, il est recommandé d'agir secrètement et de vous retirer de la situation. Plus tard, justice sera rendue.

444 TRANQUILLITÉ ☆☆☆☆☆: Vous êtes ici dans une triple chambre. Vous traverserez sous peu une période de grande tranquillité sur le plan financier aussi bien que légal. Ce calme viendra de ce que toutes vos affaires seront en ordre et que la situation extérieure vous sera favorable.

445 LÉGALITÉ ☆☆☆: Vous serez bientôt aux prises avec un aspect de la *loi* : bail, banque, procès, avocat. Cette affaire est source d'inquiétudes. Vous devrez d'abord chercher une personne d'expérience qui saura vous offrir des conseils judicieux. Ensuite, ne tardez pas à agir. La situation s'arrangera.

446 OPPOSITION ☆☆: Tout semble indiquer qu'une force vous pousse à vous objecter à une *loi* installée dans une relation. Le combat est puissant. De quel côté pencher : plier devant les conventions ou obéir à votre instinct? Vous ne devez pas décider maintenant. Attendez que la situation évolue avant de prendre une décision.

447 LOI SECRÈTE ☆☆☆☆☆: Une force supérieure et mystérieuse semble vous favoriser. Cette *loi* implacable se manifestera sous peu. Vous la reconnaîtrez comme un signe du Destin. Laissez-vous porter par ce qui vous arrivera. Le moment sera propice pour entreprendre un projet qui vous tient à cœur.

448 LÉGALISME: Vous êtes dans une chambre qui indique que la *loi* est restée figée. Elle ne correspond plus à un consensus. Elle semble se nourrir à des principes désuets qui n'ont plus de rapports avec l'actualité. Vous avez à repenser toute l'affaire.

451-458 RÉFLEXION

451 FANTAISIES ☆: Votre vie sociale a tendance à suivre le cours de vos fantaisies. Vous avez ainsi édifié un réseau impressionnant de relations. Certaines de ces relations ne sont pas essentielles. Un nettoyage pourrait être utile. On ne peut pas cultiver tous les contacts avec le même intérêt. Il faut choisir.

452 ACTION ☆☆☆: Cette chambre fait davantage appel à votre intuition et à votre spontanéité qu'à votre pensée logique. Laissez-vous guider par l'émotion et n'hésitez pas à entreprendre une action. La *réflexion* n'ajouterait rien à votre aptitude actuelle.

453 RÉÉVALUATION ☆☆☆: Une rencontre que vous ferez prochainement va vous permettre de vous relancer et de vous stimuler. Ce sera l'occasion pour vous de réévaluer votre action. Vous serez tenté d'opter pour une nouvelle orientation. Il vous faudra réfléchir aux implications de ce choix.

454 IMPRÉVISION ☆☆: Une organisation dans laquelle vous êtes impliqué se trouve dans un état de désordre. Cet état de confusion mériterait que vous vous y arrêtiez et que vous passiez du temps pour réorganiser les choses. Vous auriez avantage à discuter avec les autres personnes impliquées, à planifier et à budgétiser.

455 LOGIQUE ☆☆☆☆: Vous serez appelé à mettre votre aptitude logique et votre force réflexive au service d'un groupe ou d'une organisation. Plusieurs personnes comptent sur vous. Il importe que vous preniez sérieusement connaissance de tous les aspects de l'affaire avant de donner votre opinion. Cette situation exigera beaucoup de tact de votre part.

456 SÉVÉRITÉ: L'heure est venue de mettre un peu de fantaisie et de poésie dans ce que vous entreprenez. Ce n'est pas le sens de la logique qui fait défaut ici. Le rouage manque plutôt d'huile : celle de la souplesse. Votre entourage risque de se sentir crispé dans ce paradis de l'ordre.

457 EURÊKA! ☆☆☆☆☆: Vous êtes sur le point de faire une découverte ou une rencontre importante. Cet événement pourrait changer votre vie. Tous vos champs d'activité seront touchés : le travail, la vie affective, les loisirs. Vous connaîtrez une période de plein épanouissement.

458 CONFUSION ☆☆: Vous auriez avantage à vous ménager une pause pour la *réflexion*. Vos motivations ne sont pas aussi claires qu'il y paraît. Avant d'entreprendre quoi que ce soit, il vous faut peser le pour et le contre. Attendez encore un peu avant de passer à l'action.

461 ÉBRANLEMENT ☆: Vous vivrez sous peu une forte expérience émotive. Tout votre système affectif en sera ébranlé. À cause de l'instabilité de cet état, vous connaîtrez un grand changement de perspective. Vous serez obligé de voir les choses d'un autre œil. Attention de ne pas intervenir dans la vie de ceux dont les émotions sont moins actives.

462 ENTREPRISE ☆☆☆☆: Voici le départ d'une entreprise. Votre attitude intérieure ne sera peut-être pas très ferme étant donné le caractère inattendu de l'affaire. Pourtant, vous devez avoir confiance. L'attitude des autres dépendra en grande partie de la vôtre.

463 VACANCES ☆☆☆: Vous pourriez vous permettre une période de vacances. Un dépaysement vous redonnerait de l'énergie et vous relancerait. Partez, ne serait-ce que pour une brève période. Ne vous tracassez pas pour ce qu'il y a encore à faire. Un repos vous rendra plus efficace.

464 RECHERCHES ☆☆☆: Cette chambre concerne le rôle du chercheur, de l'explorateur, de l'étudiant. Il se peut que vous ayez de la difficulté à vous soumettre à la volonté d'un guide. Vous avez beaucoup à apprendre. Il sera temps plus tard de faire valoir votre point de vue.

465 RUPTURE ☆: Une rupture s'annonce. Il peut s'agir d'une personne, d'un milieu ou d'un environnement. Vous connaîtrez une certaine anxiété, mais il s'agit d'une étape nécessaire. Une nouvelle relation se présentera sous peu. Il faudra la considérer avec sérieux.

466 EN CHEMIN ☆☆: Le but que vous vous proposez d'atteindre est encore loin. Le route est plus longue que prévu. Vous ne devez cependant pas vous laisser gagner par la fatigue ou le découragement. Votre crainte de perdre des avantages n'est aucunement fondée.

467 NOUVEAU DÉPART ☆☆☆☆☆: Cette chambre annonce un changement de poste ou de situation. Il se peut qu'il y ait un sacrifice à faire, une perte de sécurité, par exemple. Mais ce qui s'ouvrira comme perspective surprendra tout le monde. Une forte réussite s'annonce pour l'avenir.

468 AJOURNEMENT : Le moment du départ est retardé. Quelque chose empêche l'accomplissement immédiat du projet. Vous devrez changer vos plans. Ne vous laissez pas gagner par le doute, malgré le caractère incertain du projet.

471-478 ÉNERGIE

471 DIGUE: Votre position est dangereuse. Votre *énergie* s'accumule. La digue menace d'éclater si vous n'agissez pas. Vous vous êtes peut-être retenu trop longtemps. Il est maintenant possible d'aller au bout d'une affaire.

472 OCCASION ☆: On vous fera prochainement une offre alléchante. Vous aurez tendance à fermer les yeux et à faire semblant de ne pas entendre. Vous n'auriez pourtant rien à perdre et tout à gagner. Vous risquez de plus de regretter longtemps d'être passé à côté d'une telle offre.

473 RESSOURCEMENT ☆☆☆: Un climat assez terne, au sein d'un groupe, d'un couple ou d'une institution va changer. L'atmosphère de défaitisme et de relâchement va cesser. Un événement va se produire qui ralliera les différentes personnes impliquées. Une nouvelle *énergie* circulera. Vous pouvez être confiant.

474 PROJET ☆☆☆: Quelque chose mûrit en vous depuis un certain temps: une idée, un projet, un enfant. Le temps est venu de pousser et d'encourager. L'obstacle qui retenait l'*énergie* est écarté et tout contribuera maintenant, d'une façon décisive, au succès qui s'annonce.

475 ALTERNATIVE ☆☆: Une position de pouvoir que vous détenez risque d'être menacée par un pouvoir alternatif. Vous devrez exercer une grande vigilance. Il vous faudra tout reconsidérer depuis le début et chercher de nouvelles stratégies.

476 TALENT NOUVEAU ☆☆☆: Vous vous trouverez sous peu dans une situation difficile. Vous aurez cependant la possibilité de découvrir et de déployer un nouveau talent que vous ne vous connaissiez pas. Vous rencontrerez sans doute des déceptions mais il est recommandé de ne pas relâcher votre effort. Vous arriverez à traverser toutes les difficultés.

477 NUAGES DISSIPÉS ☆☆☆☆: Toutes les difficultés vont maintenant tomber une à une. Vous manifesterez une force surabondante qui s'unira à celle des autres. Une période de réalisation s'ouvre. Vous pourrez exercer une grande influence.

478 IMPUISSANCE ☆: Vos ressources et votre talent ne semblent pas faire défaut. Vous avez toutes les qualités pour réussir. Cependant, pour une raison mystérieuse, vous ne semblez pas canaliser votre *énergie* de façon productive. Vous faites penser à un volcan endormi. Que faudra-t-il pour vous rendre pleinement efficace?

481 CONTESTATION ☆☆: Des personnes extérieures à la situation semblent mettre votre position en doute. Ne vous inquiétez pas inutilement, car vous avez assumé scrupuleusement vos responsabilités. Vous avez tendance à alimenter vous-même le doute.

482 PATRON ☆☆☆: Vous serez prochainement dans la situation délicate d'une personne qui doit exercer son *autorité* mais qui est incomprise par ses subalternes. N'hésitez pas à poursuivre votre entreprise et ne perdez pas votre détermination.

483 ENFANT ☆☆☆☆: Une personne remarquable pourrait vous influencer prochainement. Vous devez vous ouvrir avec confiance à cette relation, même si vous sentez que vous perdez provisoirement le pouvoir. Cette influence vous sera très bénéfique.

484 DÉSOBÉIR ☆☆: L'heure est venue de ne pas accepter le commandement. Vous le savez intérieurement, mais vous craignez, avec raison, des représailles. Le tout est d'agir avec force, sans effronterie et sans mesquinerie. Vous obtiendrez justice plus tard.

485 PATERNALISME ☆: Il vous arrive d'exercer une *autorité* qui est surprotectrice et paternaliste. Malgré vos bonnes intentions, vous pouvez nuire à ceux que vous dirigez parce que vous les privez de toute initiative.

486 DESPOTE: Vous avez imposé trop fermement votre volonté à une personne de votre entourage. Certaines circonstances et la susceptibilité de cet individu ne supportent pas une telle fermeté. Vous devez considérer des exceptions et revoir vos positions. La dureté serait inutile. En l'occurrence, un peu de tendresse et de compréhension seraient des armes plus sûres.

487 MAÎTRE ☆☆☆☆☆: L'*autorité* que vous pouvez exercer est très grande. Elle prend sa source dans une énergie intérieure et spirituelle. Vous pouvez exercer un magnétisme étonnant. Cette force pourrait vous permettre de faire de grandes choses.

488 DISPERSION ☆: Une entreprise qui vous a déjà tenu à cœur se désagrège parce qu'il y manque un centre de décision, un lieu de commandement ferme. Plus personne n'en assume la responsabilité et n'ose prendre les décisions qui s'imposent. Il serait temps que vous preniez la situation en main.

511-518 INEXPÉRIENCE

511 APPRENTISSAGE ☆☆: Vous êtes dans une situation d'apprentissage par rapport à une question. Celle-ci est très instructive. Vous êtes en train de laisser tomber une ancienne attitude, ce qui va vous permettre de passer à du nouveau. Une personne de votre entourage - un partenaire ou un collègue - sera utile dans les circonstances.

512 INITIÉ ☆☆: Vous avez déjà acquis une certaine expérience. Vous exercez même un ascendant sur les autres. Mais vous aurez à faire face sous peu à un problème pour lequel vous n'avez pas été préparé. Vous devrez reconnaître votre *inexpérience* et demander l'avis de personnes de votre entourage. Il vous faudra faire preuve de modestie.

513 DÉTENTE ☆: Vous avez tendance à être exigeant envers vous-même. Vous prenez certaines questions très au sérieux. Vous pourriez maintenant vous laisser aller à un peu de folie, décrocher votre baluchon et partir pour quelques jours. Il serait bon que vous preniez un peu de recul.

514 INDISCIPLINE ☆☆: Vous prenez souvent à la légère les choses qui vous concernent intimement. Vous auriez avantage à quitter cette attitude plutôt passive et à vous engager dans une démarche plus constructive et active. Tout part de vous.

515 AMOUR FOU : Il se pourrait que vous vous fassiez prendre prochainement au piège de la passion amoureuse ou de toute autre passion. Vous connaîtrez l'exaltation et l'anxiété, le désir et la peur. Votre hésitation à vous abandonner est justifiée.

516 INSTRUCTEUR ☆☆☆☆: Vous repérez très facilement l'*inexpérience* des autres. Vous avez la capacité de les conduire, de leur montrer leurs lacunes sans les blâmer, de les instruire sans les dominer, d'aller chercher en eux ce qu'il y a de meilleur. Bonne fortune.

517 NOUVELLE ÉCOLE ☆☆☆☆: Il semble que vous vous trouverez dans une situation où, malgré votre expérience, vous aurez à adopter un rôle d'étudiant. Vous aurez avantage à ne manifester aucune prétention ni à chercher à imposer votre savoir aux autres. Votre ouverture et votre innocence sont la meilleure garantie de votre adaptation. Le Destin vous favorise.

518 SPONTANÉITÉ ☆☆☆: Une attitude spontanée peut paraître, aux yeux de plusieurs, farfelue et surprenante. En réalité, l'action que vous entreprendrez est le résultat d'une certaine sagesse, la réponse intuitive à un état de choses. Vous n'avez pas à modifier votre direction.

521 REMUE-MÉNAGE ☆☆: Vous vivrez sous peu une situation tendue. L'atmosphère sera alourdie par beaucoup d'agressivité accumulée. Réunissez les personnes concernées. Amenez-les à exprimer leur tension. Le climat sera allégé une fois le remue-ménage terminé.

522 SENTIMENT CACHÉ ☆☆☆: Un sentiment qui se dérobe à votre conscience semble déterminer à votre insu une dimension de votre vie affective. Il se peut que certaines personnes de votre entourage devinent ce sentiment. Vous éprouverez un grand soulagement en le découvrant. Soyez à l'écoute des signes qui l'expriment.

523 MALENTENDU ☆☆: Un malentendu sera à l'origine d'une *émotion* trouble. Pourtant, ni le respect ni l'amour ne font défaut dans cette chambre. Prenez le temps de comprendre et d'analyser. Un éclaircissement de la situation vous permettra de mieux doser votre propre investissement. Ce qui est en jeu n'est pas menaçant.

524 CONTESTATION ☆: Vous vous trouverez sous peu dans une situation qui touche tout un groupe. L'atmosphère sera électrique. Ne vous laissez pas emporter par un mouvement qui dépasserait vos émotions. Vous aurez avantage à vous retirer pour un certain temps pour réévaluer votre propre intervention.

525 SOURIRE ☆☆☆☆: Il est important pour vous et votre entourage que vous gardiez une attitude souriante et sereine. Votre comportement va permettre un échange affectueux dont vous avez tous besoin. Certains sentiments pourront s'exprimer plus aisément dans ce climat.

526 BOUC ÉMISSAIRE : Il se peut que vous soyez actuellement la cible d'une *émotion* qui ne vous est pas personnellement adressée. Vous n'êtes pour rien dans cette affaire. Gardez votre calme et laissez passer la tempête avant de tenter une explication sérieuse.

527 ÉCOUTE ☆☆☆☆☆: Des émotions enfouies pourront bientôt refaire surface. Vous ferez d'importantes découvertes sur vous-même. Soyez attentif à cet état. Observez-le avec intérêt et tendresse. Votre façon d'être pourrait s'en trouver profondément modifiée. Une chance s'ouvre pour vous.

528 REFOULEMENT ☆☆: Il semblerait que vous ayez perdu l'habitude de communiquer avec vos émotions les plus profondes. Vous avez tendance à les refouler. Elles vous effraient peut-être lorsque vous les manifestez. Vous devez apprendre à les apprivoiser et à les intégrer à votre vie. Il peut être utile de demander de l'aide.

531-538 RÉPÉTITION

531 ENNUI: Voici la chambre de celui qui cherche constamment des expé - riences nouvelles, croyant ainsi fuir l'ennui de la *répétition*. En réalité, il ne fait que répéter son désir insatiable de nouveauté. En fuyant l'ennui, celui-ci lui colle à la peau.

532 ATTENTION ☆☆: Vous devez accepter que la perfection du geste vient d'une *répétition* disciplinée et attentive. Celle-ci motive énormément l'engagement et constitue une préparation pour entrer dans la maison de la réussite.

533 RENOUVEAU ☆☆☆: Il est rare qu'un Destin si fort se répète. Vous connaîtrez pourtant un renouveau. Cela n'arrive que par chance. Vous serez guidé par une bonne étoile une seconde fois. Rien n'aurait pu laisser pressentir une telle occasion.

534 ENCORE ☆☆: Cette situation ressemble à celle d'un enfant qui ré- pète les mêmes gestes sans s'ennuyer. Quelque chose est en train de se répéter par rapport à une question. Il y a un contentement au cœur de cette *répétition*.

535 AMOUR RÉPÉTÉ ☆: Il semblerait que vous répétiez le même scé - nario amoureux. Même ses aspects dramatiques et douloureux reviennent. Pour arrêter ce mouvement répétitif, il vous faudra prendre conscience de ce que vous êtes en train de répéter. Pourquoi réagissez-vous toujours de la même façon aux mêmes gestes, aux mêmes paroles?

536 SOMNAMBULE ☆: Vous traverserez une période où vous aurez le sentiment de répéter sans cesse les mêmes gestes, mais sans amour, sans mo- tivation, comme un somnambule. Vous aurez ainsi l'impression de vivre un peu plus d'ennui chaque jour. Vous trouverez une porte de sortie à ce sommeil en portant une attention plus grande au processus intérieur qui vous concerne, car le problème n'est pas à l'extérieur de vous.

537 ÉTERNEL AMOUR ☆☆☆: Le bonheur ne se trouve pas dans les faits spectaculaires, mais dans l'accomplissement harmonieux des gestes de la vie quotidienne. Cette découverte va éclairer toute votre vie. Votre ima- gination va colorer tout ce que vous avez à faire.

538 JOIE DE VIVRE ☆☆☆☆: Cette chambre signifie que vous de- vez aller au-delà de la *répétition,* avancer en dépit d'elle, la dépasser en la tra- versant. C'est à ce moment-là que vous découvrirez une immense joie de vivre que vous ne connaissiez pas et que vous ne croyiez même pas possible.

541 AISANCE: Tout pourrait être facile et n'exiger aucun *effort* apparent. Mais attention, il ne faudra pas relâcher votre vigilance et considérer ce qui est fait comme un acquis définitif. Il reste encore beaucoup à faire. Ce n'est pas le moment de laisser aller.

542 MÉRITE ☆☆☆☆☆: L'*effort* que vous avez déployé sera récompensé. Le travail accompli rencontre les besoins de votre entourage. Votre milieu l'accueillera bien même si la réaction favorable n'est pas immédiate. Vous êtes ici doublement fortuné.

543 MOYENS FAIBLES ☆☆☆☆: Votre détermination semble grande mais vos moyens insuffisants. On dirait que vous voulez traverser un océan sur un radeau. Curieusement, tout semble indiquer que vous allez tout de même réussir, malgré la précarité de vos méthodes. Une instance supérieure va intervenir.

544 SOLIDITÉ ☆☆☆: Il semblerait que vous ayez déployé un grand *effort* dans une direction opposée à celle que vous cherchiez. Évidemment, le but premier ne sera pas atteint. Paradoxalement, la nouvelle direction semble vous mener vers un centre, vers le cœur d'une situation importante. Cette réorientation sera déterminante.

545 PROMOTION ☆☆: Votre situation ressemble à celle d'une personne qui pourrait obtenir une promotion à la suite d'un long *effort*. Ce pourquoi vous avez lutté est sur le point de se réaliser. Il y a cependant certains obstacles à surmonter. Les choses vont maintenant très vite progresser. Une grande détente s'annonce.

546 INQUIÉTUDE ☆☆: Une inquiétude semble planer sur la situation. Des contradictions, une certaine angoisse et une attente vous dérangent encore. Vous ne devez cependant pas perdre de vue le résultat à obtenir. Maintenez votre poussée.

547 CHÔMAGE ☆☆☆: Votre force est grande. Vous seriez prêt apparemment à fournir beaucoup d'*effort*. Mais quelque chose bloque le processus et semble vous placer en situation d'attente. Cette incapacité à agir ne devrait pas trop vous affecter. Cette difficulté débouchera sur une grande réalisation. Vous devez réfléchir.

548 DÉCOURAGEMENT ☆: Voici la chambre de l'absence d'*effort*. Le travail de la volonté semble interrompu. Vous ne devez cependant pas perdre courage. Un arrêt peut être nécessaire, surtout si vous avez récemment déployé une grande quantité d'énergie. Mais le temps n'est pas encore venu de relâcher. Vous devez faire encore un ultime *effort*.

551-558 COMMUNAUTÉ

551 ALIMENTER ☆☆☆☆☆: La place que vous occupez dans la *communauté* implique que vous devez alimenter d'autres personnes : en nourriture, en conseils, en amour, en idées, en argent. Vous vous trouvez aussi dans la chambre qui indique le commencement d'un engagement social. Cette position est extrêmement favorable.

552 FACTION ☆☆: Il se peut qu'un groupe qui a tendance à se couper du reste de la *communauté* vous sollicite. Les motivations de départ sont positives et valables. Mais il y a un danger, celui de développer du mépris ou une attitude de clique fermée.

553 ÉMULATION ☆: La créativité dans un groupe est favorisée par la compétition. En soi, la compétition n'est pas dangereuse si elle est vécue comme un jeu poussant chacun à donner son maximum. Mais vous devez rester vigilant, car une atmosphère tendue risque de prendre le dessus. Évitez à tout prix de donner à l'échange l'allure d'une lutte ou d'un combat.

554 GUIDE AVEUGLE: Vous devez vous méfier d'une personne de votre entourage qui exerce une grande séduction. Vous pourriez facilement succomber à son charme. Or cette personne ne saurait vous guider de façon appropriée. Vous risquez même de prendre une mauvaise direction. Vous devez rester vigilant.

555 VOCATION ☆☆☆☆☆: Vous vous trouvez ici dans une triple chambre. Voici la position la plus spectaculaire du domaine du Contact. Votre potentiel social devrait trouver un débouché exceptionnel. Tout annonce que vous effectuerez un progrès fulgurant.

556 INDIVIDUALISME ☆: Il semblerait que votre implication au sein d'un groupe ait été motivée par des intérêts personnels. Ceci n'est pas néfaste en soi. Mais vous ne devez pas vous attendre à obtenir pleine satisfaction. Vous aurez avantage à revoir votre position et le sens de votre engagement.

557 DOIGTÉ ☆☆☆☆: Vous aurez prochainement à faire preuve de beaucoup de diplomatie. Vous devrez faire comprendre une situation difficile à une personne de votre entourage. Votre ouverture, votre sincérité et surtout la compréhension très nette que vous avez de toute l'affaire vous permettront de venir à bout de cette tâche délicate.

558 SOLITAIRE ☆☆☆: Une pulsion semble vous pousser vers une forme de solitude. Vous avez peut-être besoin d'être seul. Cette position n'implique pas nécessairement un rejet de la société ni des responsabilités sociales.

561 ATTIRANCE ☆☆: Vous vivrez sous peu une forte attirance. Tout votre corps en sera ébranlé. Quelque chose commencera. Vous éprouverez sans doute de la confusion, du désordre, du désir, un doute ou de la culpabilité. Il est inutile de nier ce qui arrive. Il s'agit d'une réaction spontanée.

562 OBSESSION : Quand le principe de l'attraction est trop longtemps refoulé, il tourne à l'obsession. Quelqu'un dans votre entourage semble obsédé. Peut-être même s'agit-il de vous. Plus vous essaierez de contrôler l'élan spontané, plus la situation se raidira. Dans de tels cas, il convient de questionner ce qui ne va pas ou, simplement, de laisser faire.

563 SUBLIMATION ☆☆☆: Il se peut qu'une déception amoureuse vous amène à diriger sur autre chose votre énergie et votre désir. Malgré certaines difficultés, votre orientation s'annonce enrichissante et prometteuse.

564 DÉVIATION ☆: La *séduction* ne suit pas le cours habituel des comportements sociaux. La séduction implique qu'il y a un détournement du comportement habituel. Il se peut que votre entourage soit étonné ou choqué par une attitude que vous adoptez parfois. Ne vous laissez pas refroidir par ces réactions.

565 FUSION ☆☆☆☆☆: Vous connaîtrez sous peu une relation de *séduction* réciproque. De plus, cette attraction coïncidera avec l'amour ou l'amitié. Voici une circonstance heureuse et exceptionnelle. Une grande chance se prépare.

566 PRÉCIPITATION ☆☆☆: La force de *séduction* qui vous habite est encore instable. Comment la diriger, comment la doser? Cette confusion risque de vous conduire à des comportements contradictoires. Votre sens inné de la *séduction* sera sans doute ébranlé. Attendez. L'heure venue, vous pourrez agir sans effort.

567 SUBLIMITÉ ☆☆☆☆: Le moment semble venu pour vous d'utiliser votre pouvoir de *séduction* dans des domaines plus importants. Votre énergie séductrice pourrait servir une cause ou contribuer à la création d'une réalisation d'envergure.

568 LATENCE ☆: Le principe de la latence signifie qu'il y a un repos et une attente. Cette étape prépare souvent une intense activité. Vous devez vivre pleinement cette période sans impatience.

571-578 DANGER

571 FAIBLESSE ☆: À l'approche du *danger*, l'esprit fantaisiste construit des scénarios de panique. Ne vous énervez pas à la simple perspective du *danger*. Vous risqueriez de céder du terrain sur des points fondamentaux. Il est préférable de ne rien décider pour l'instant.

572 ENNEMI : Quelqu'un dans votre entourage a des attitudes hostiles à votre égard. Il se peut que vous ne vous en rendiez pas compte car il se cache. Vous courrez donc un certain *danger*. Vous pourrez le surmonter si vous parvenez à l'identifier à temps.

573 ATTENDRE ☆☆☆: La question qui vous intéresse ne trouvera pas un règlement facile, direct et définitif. Seul le temps fera évoluer l'affaire. Vous devez accepter la situation et laisser tomber vos craintes. Vous pouvez cependant intervenir sur des points mineurs. Petit à petit la solution viendra. Restez persévérant.

574 TRIOMPHE ☆☆☆☆: Vous triompherez d'une difficulté. Vous en sortirez plus éclairé et plus fort. Une situation extérieure va vous permettre une prise de conscience très féconde. Le moment venu, vous aurez la capacité d'agir avec énergie.

575 CASSE-COU ☆☆: Vous serez tenté de vous lancer dans une affaire plutôt casse-cou. Tout indique que vous aurez le goût du *danger*. Attention, ne prenez pas un mouvement téméraire pour du courage. Il y a un élément destructeur dans ce risque. Repensez à cette affaire et, surtout, retenez-vous d'agir trop rapidement.

576 ACCIDENT ☆: Vous serez porté à vous exposer à un *danger* sans le vouloir consciemment. Cette situation périlleuse peut concerner votre travail ou votre santé. Vous devez rester vigilant et éviter la distraction. L'accident peut être évité.

577 PRISON ☆☆☆☆: Cette situation ressemble à celle de quelqu'un qui se serait enfermé dans une chambre et aurait jeté la clé par la fenêtre. Cet individu est l'auteur de son propre malaise. Il reste pourtant une solution : affronter le *danger* une fois pour toutes. Un grand succès en résultera.

578 PANTOUFLARD ☆: Une personne de votre entourage a tendance à adopter des attitudes de pantouflard. Peut-être est-ce vous-même? Il y a *danger* de sclérose et d'ennui. Vous devez faire une action éclatante pour secouer la situation. Vous aurez besoin de courage et d'imagination.

581 PREMIER SIGNAL ☆☆: Certains signaux indiquent que vous êtes en train de vous attacher sans vous en rendre compte. Vous êtes peut-être déjà plus impliqué que vous ne l'auriez souhaité. Cet *attachement* est significatif. Il remplit un rôle important dans votre vie.

582 REPLI ☆☆ : Vos relations avec les autres exigent beaucoup de vous. Vous auriez avantage à vous ménager des zones de repli pour pouvoir mieux vous ouvrir par la suite. Vos liens affectifs avec les autres ne doivent pas occuper toute la place. Il est important que vous vous occupiez de vous.

583 PRÉSENCE ☆☆☆: Une personne dont vous vous préoccupez souvent est en train de subir un choc émotif important. Vous devez vous montrer très présent et attentif à ce qui lui arrive. Votre attitude peut l'aider à tirer le meilleur parti de cette difficile remise en question.

584 FROIDEUR : Il est possible que vous ayez à faire face à la froideur injustifiée d'une personne qui vous est chère. Vous ne devez pas vous en inquiéter. Il est important que vous ne fléchissiez pas. Il n'est pas bon de toujours se plier aux sautes d'humeur de l'entourage.

585 CONSEILLER ☆☆☆☆: Vous ferez bientôt la connaissance d'une personne qui pourra vous donner un grand nombre de réponses à des questions vous touchant intimement. Un message, une rencontre, un livre peuvent être à l'origine de cet événement. Vous êtes dans une position extrêmement favorable. Vous aurez l'occasion de vous ouvrir à une grande lumière.

586 RÉUNION ☆☆☆☆: Un état de séparation tire à sa fin. Vous pourrez réunir les personnes et les forces concernées. Il est conseillé d'agir avec douceur et fermeté. C'est la seule façon d'ouvrir les cœurs dans la situation présente.

587 CHARISME ☆☆☆☆☆: On a ici affaire à une personnalité spirituelle remarquable. Peut-être est-ce vous? Cette personne sait voir dans les cœurs et les ouvrir. Elle a un charisme rare. Les gens gagnent beaucoup à son contact.

588 APAISEMENT ☆☆☆☆: Tout indique que vous prendrez sous peu conscience d'une coupure passée dans une relation qui vous a déjà tenu à cœur. Tout semble indiquer que vous n'avez jamais évalué l'importance réelle de cette rupture. Il serait temps de le faire et peut-être de revoir cette personne pour vous expliquer. Vous connaîtrez un apaisement à la suite de cette démarche.

611-618 ÉQUILIBRE

611 CHAT ☆☆: Au cœur même de la malchance, quelle que soit la situation, vous saurez toujours vous reprendre, instinctivement. Après des périodes de difficultés, vous savez retomber sur vos pattes et retrouver votre enthousiasme. Vous êtes protégé par le Destin.

612 PARADIS PERDU: Au cours des prochains jours, vous serez peut-être hanté par le rêve d'un *équilibre* passé. Vous voudrez sans doute le revivre. Mais les souvenirs ne peuvent vous faire que du mal dans la situation. Vous sentez peut-être que vous devez payer le prix de quelque chose.

613 IMPULSION ☆☆☆: Le besoin de changer, d'aller de l'avant dans un nouveau projet semble plus fort que votre *équilibre* actuel. Ce mouvement vous donnera cependant le sentiment de vous réaliser davantage. Un nouvel *équilibre* suivra.

614 HAUTE FIDÉLITÉ ☆☆☆☆: Tout le monde se laisse facilement emporter par des modes passagères. Vous semblez cependant ne pas subir l'influence collective. Vous semblez, au contraire, obéir fidèlement à un mouvement qui vous est personnel. Même les pressions des personnes qui vous sont les plus chères ne peuvent vous faire fléchir.

615 APPUI ☆☆: Votre *équilibre* actuel semble reposer sur une autre personne. Cela vous assure une certaine stabilité. Cependant, vous risquez d'y perdre une part de votre autonomie. Le temps est venu pour vous de revoir cette situation. Le Destin vous sera d'un grand secours.

616 SYNCHRONISATION ☆: En ce moment, il se peut que vous n'éprouviez pas le sentiment d'harmonie dont il est question dans cette maison. L'hésitation que vous éprouvez est elle-même recherche d'*équilibre*. En regardant la situation d'un œil nouveau, vous y décèlerez une harmonie naissante.

617 TENIR ENSEMBLE ☆☆☆☆: Vous semblez avoir les aptitudes d'une personne équilibrée qui sait faire tenir ensemble les éléments complexes d'une situation. Les autres auraient du mal à s'entendre sans vous. Vous inspirez confiance. Votre magnétisme est grand. Sachez en tirer le meilleur parti.

618 STAGNATION ☆: On perd l'équilibre à trop vouloir le conserver. Vous devez vous ouvrir et obéir au mouvement naturel de la vie. Vous devez aussi entraîner ceux qui vous entourent pour éviter de rester figé dans des attitudes qui ne sont plus appropriées.

621 CONSOMMATION ☆☆☆: La situation actuelle ressemble à celle de quelqu'un qui serait atteint d'une maladie. Il examine attentivement sa vie. Petit à petit, il s'aperçoit que sa maladie vient de sa nourriture.

622 AUTOTORTURE : Une personne qui vous est chère vous semble trop dure avec elle-même. Elle ne s'occupe pas assez d'elle. Si elle ne s'arrête pas, ce sera la catastrophe. Vous devez l'aider. Elle a besoin que quelqu'un la force à changer de comportement.

623 RETRAIT ☆: Vous aurez prochainement à affronter un obstacle de taille que vous ne pourrez écarter complètement. Un affrontement brutal serait, par ailleurs, désastreux. Vous devrez reculer, vous retirer, attendre. Il n'y a pas de honte à cela. L'orage passera. Vous sentirez d'instinct le moment propice pour intervenir.

624 AUXILIAIRES ☆☆: Vous vivrez sous peu une *épreuve* que vous ne devrez pas chercher à surmonter par vos propres moyens. Vous devrez ménager vos forces. Il vous faudra trouver des collaborateurs et apprendre à vous réorganiser en conséquence. Vous découvrirez qu'il y a plus d'une façon d'aborder le problème.

625 CŒUR BLESSÉ ☆☆☆: Vous vous retrouverez prochainement dans une situation où vous aurez l'impression d'être rejeté. Cette position humiliante est difficile à accepter. Cependant, ce sera une occasion très propice pour une révision des images que vous avez de vous-même. Vous découvrirez que ce n'est qu'une image qui est menacée.

626 CATACLYSME ☆: Vous vivrez prochainement une *épreuve* qui viendra de l'extérieur, de la nature ou de la société. Vous vous trouverez impliqué dans une sorte de cataclysme. Vous devrez vous ouvrir aux autres et chercher de l'aide dans un esprit de partage. Vous aurez à envisager une réorganisation ou une reconstruction.

627 EFFONDREMENT ☆☆☆: Quelque chose est en train de s'effondrer, de disparaître, de se détruire. Si vous sentez déjà le phénomène, il se peut qu'il vous rende craintif. Vous devrez rassembler toute votre énergie pour détruire l'obstacle qui empêche le progrès. Malgré son aspect maléfique, cette chambre promet un nettoyage bienfaisant.

628 DE JUSTESSE ☆☆☆☆: Sans vous en rendre compte, vous avez évité de près une catastrophe. Vous avez été sauvé grâce à une chance immense. Quelqu'un de votre entourage y est pour beaucoup. Il serait important que vous réfléchissiez à la situation. Vous devez déceler votre part de responsabilité.

631-638 COMPRÉHENSION

631 BÉQUILLE ☆☆: Vous éprouverez prochainement une poussée intérieure qui vous amènera à reconnaître une vérité que vous évitiez depuis longtemps. Jusque-là, vous aviez tendance à chercher l'explication ou la cause chez les autres. Cela ne peut plus être d'un grand secours. Vous ressentirez un grand soulagement en faisant cette découverte.

632 COMBAT: Vous aurez à vous débattre avec une réalité cachée. Ce combat sera épuisant et long. Il se peut que vous expérimentiez une déchirure violente entre une image de vous-même et certains faits que vous découvrirez.

633 AIGLE ☆☆☆☆: Vous serez amené à jouer prochainement le rôle de celui qui jouit d'un regard pénétrant et large. Vous aurez une vive *compréhension* des faits en question. Vous aurez le don de voir à l'intérieur des autres, des choses et de vous-même. Vous pourrez vous rendre extrêmement utile à votre milieu.

634 MYOPIE ☆☆: Le myope ne voit bien les choses que de près. Il lui manque une vision panoramique. De la même façon, vous avez tendance à trop vous attarder aux détails de la situation. Une *compréhension* plus vaste devrait surgir. Essayez de prendre un certain recul.

635 PARDON ☆☆☆: Vous aurez avantage, dans une situation prochaine, à faire preuve d'indulgence. Ce geste vous permettra de comprendre de nouvelles dimensions de vous-même et d'une relation dans laquelle vous êtes impliqué. Ce mouvement de votre part aura des conséquences énormes. Il s'agit d'une attitude de personne libre et productive.

636 ANGE ☆☆: L'ange est le symbole de l'intelligence subtile. Mais il peut apporter une bonne ou une mauvaise nouvelle. Vous aurez un message à transmettre qui exigera beaucoup de tact. Votre rôle sera ambigu dans cette importante situation. Il se peut que certains aspects déterminants vous échappent.

637 SYMBIOSE ☆☆☆☆☆: Un homme rencontre une femme. Quand elle rit, il rit. Quand elle pleure, il pleure. La source de son comportement vient d'une *compréhension* intime et puissante. Vous connaîtrez sous peu un semblable état de symbiose avec une personne qui vous est chère.

638 POISSON ☆: Un élément de votre Destin semble vous préoccuper beaucoup. Quelque chose vous touche de très près que vous ne comprenez pas. Vous ne semblez pas disposer des moyens nécessaires actuellement pour éclaircir la situation. Vous êtes cependant à un tournant. Vous aurez bientôt la sensation de vous retrouver comme un poisson dans l'eau.

641 ENGAGEMENT ☆☆☆: Il serait temps que vous sortiez d'un état de *doute* qui vous retient depuis un certain temps. Vous devez foncer et ne pas vous laisser retenir par les hésitations qui ralentissaient votre engagement.

642 CRAMPE : Il se peut qu'une contraction physique ou qu'une douleur corporelle dépende d'un *doute* portant sur une situation affective. Des émotions négatives que vous auriez enfouies se manifesteraient ainsi. Vous devez dépister ces émotions et le *doute* qui les accompagne pour enrayer complètement la source de tension.

643 DÉPLACEMENT ☆☆: L'incertitude décourage. Elle donne la tentation d'abandonner. Vous ne devez pas céder à cette tentation. Vous auriez le sentiment d'un échec. Pour sortir du piège du *doute*, vous devez déplacer quelque chose ou quelqu'un.

644 COMPLÉMENTAIRE ☆☆☆: Les forces qui s'opposaient ont débouché sur une juste compréhension de la situation. Vos forces seront maintenant complémentaires. Ce qui était en conflit n'était en somme que deux aspects de la même réalité.

645 PRINCIPES ☆: Une attirance pour une autre personne vous jettera dans un état de trouble. Plusieurs émotions contradictoires surgiront. Vous aurez le choix de rompre immédiatement cette relation pour sauvegarder vos principes ou de modifier ceux-ci pour préserver la relation. Évaluez bien les conséquences de chaque option.

646 DOUBLE INCERTITUDE ☆☆☆☆: Vous vivrez prochainement un sentiment de *doute* très puissant. Vous aurez peut-être même l'impression de vous trouver dans un véritable cul-de-sac. Vous ne devrez cependant pas capituler. Paradoxalement, cette impasse vous permettra une formidable lancée. Une intelligence plus vaste de la situation surgira.

647 LUMIÈRE ☆☆☆☆☆: Après une longue période de *doute*, vous aurez enfin l'impression d'avoir traversé la nuit. Au bout du tunnel vous verrez clair. Mouvement et stabilité deviendront complémentaires. Vous connaîtrez la sérénité que procure le sentiment d'avoir eu raison de persévérer.

648 IMPASSE ☆: Vous ne devez rien forcer pour l'instant. Des éléments opposés risquent de créer un conflit sur lequel vous n'avez aucune prise pour l'instant. Pour éviter l'impasse, il convient que vous attendiez afin de prendre une décision.

651-658 AMOUR

651 BOUQUET DE FLEURS ☆☆☆: On cueille des fleurs des champs et on ramasse aussi des fleurs sauvages. L'ensemble est d'une beauté simple. Rien n'est exclu. L'*amour* en question reçoit aussi bien les défauts que les qualités. Vous réussirez à opérer une synthèse des différents éléments qui, au départ, vous semblaient inconciliables.

652 INJUSTICE ☆: Vous avez peut-être l'impression d'être dans une situation où quelqu'un est favorisé. Cette personne devait être vous. Un concours de circonstances vous a provisoirement écarté de cette position avantageuse. Le temps arrangera les choses. Vous saurez trouver l'estime et l'affection que vous méritez.

653 AMITIÉ ☆☆☆☆: Vous êtes dans la chambre de l'amitié. L'amitié naîtra au hasard d'une rencontre. Ou il se pourrait qu'une relation qui avait un autre caractère se transforme en amitié. Vous trouverez gratuité et liberté dans cet échange. La fidélité de la relation est garantie.

654 JARDIN ENSOLEILLÉ ☆☆☆: L'*amour* coïncide avec la séduction. Les deux principes fusionnent dans cette chambre. Votre charme et votre ouverture à l'autre seront vos atouts les plus sûrs dans les jours à venir. Laissez-vous aller, vous dominerez la situation.

655 AMOUR UNIVERSEL ☆☆☆: Vous vous trouverez dans une situation qui offre la possibilité d'un *amour* hors du commun. Il dépasse le couple. Il réunit plusieurs personnes, peut-être même des groupes. Vous vous sentirez uni à un grand nombre de personnes qui partagent vos vues et vos objectifs.

656 MIROIR : Il est question d'une personne qui ne sait pas aimer les autres. Elle cherche pourtant le secret de l'*amour* : elle voyage de cœur en cœur. Pourquoi chercher ce qui est déjà là?

657 HARMONIE ☆☆☆☆☆: Une harmonisation exceptionnelle de tous les aspects de l'*amour* s'annonce dans cette chambre. Cette situation exigera de vous un sens immense des responsabilités et une grande énergie d'unification. Vous trouverez une force insoupçonnée pour réussir cette réalisation.

658 FERMETURE ☆☆: Comment arrive-t-on à ouvrir un cœur fermé? Il peut parfois sembler qu'on a affaire à une mission impossible. Aucun essai ne réussit. Il faudrait la force de Gibraltar. Il est recommandé de renoncer pour un temps. Chaque chose vient en son temps.

661 NŒUD : Vous êtes renvoyé à un nœud de tensions. Il s'agit d'un avertissement qui concerne un problème d'ordre physique, émotif ou financier. Vous devez aborder la question avec soin et douceur. Il vous faudra faire preuve de patience et de détermination.

662 ÉSOTÉRISME ☆☆☆: Vous serez prochainement séduit par un type d'expérience inhabituelle. Vous éprouverez une certaine méfiance et vous craindrez les conséquences. Vous êtes cependant conduit par un instinct profond. Vous pouvez lui faire confiance. Cette expérience marquera votre vie d'une façon très enrichissante.

663 PAUSE ☆☆☆☆: L'efficacité exige que l'on se ménage des zones de *repos*. Il est important que vous sachiez vous arrêter avant que les tensions ne deviennent trop grandes. Vous vous découvrirez un nouvel enthousiasme et des forces insoupçonnées au moment de reprendre l'action.

664 LAISSER REPOSER ☆☆☆: La réponse à une question ne viendra pas si vous renoncez à la chercher. Vous avez maintenant rassemblé toutes les informations. Il vous faut les assimiler. Un temps de *repos* semble indiqué. Vous pouvez demander conseil autour de vous. La solution viendra cependant d'elle-même.

665 ACCALMIE ☆☆: La situation est stagnante. Des préjugés non avoués sont à la base du problème. Il se peut qu'une certaine complicité vous empêche d'analyser la situation objectivement. Pour y voir plus clair, vous devez vous arrêter et reconsidérer toute l'affaire.

666 RECUL : Vous auriez avantage à reconsidérer une situation et à vous en retirer pour un temps. Il semble que vous vous soyez engagé de bonne foi mais qu'une personne abuse de votre position. Le triple six annonce une épreuve, suivie d'une libération.

667 DÉLASSEMENT ☆☆: Vous devez apprendre à vous délasser sans honte ni culpabilité. Le temps occupé par une détente profonde nourrit l'action à venir. Il est important de savoir tirer parti de ce que l'on a. Le temps est venu pour que vous réserviez une période quotidienne à ce délassement.

668 RELÂCHE ☆☆☆☆: Voici réalisées idéalement toutes les conditions qui vous permettront une meilleure compréhension de vous-même. Vous aurez l'occasion de vous vider la tête et de vous remplir le cœur. Vous êtes sur le point de lâcher prise, d'abandonner un attachement qui vous causait une souffrance. Une grande tranquillité s'annonce.

671-678 DEUIL

671 LARMES ☆: La disparition de quelqu'un ou de quelque chose produit inévitablement de la tristesse. Quand celle-ci s'exprime sans détour et sans gêne, elle permet au processus du *deuil* de s'épuiser. Ce travail passe par plusieurs stades. Il semble que vous ayez sauté certaines dimensions d'un *deuil* passé. Vous auriez avantage à revenir une fois pour toutes sur cette affaire.

672 EGO ☆☆: Quelque chose est immobilisé. Vous devez lâcher prise. Une image de vous doit mourir. Cette mort s'accompagnera immédiatement d'une prise de conscience déterminante. Vous aurez l'impression d'avoir abandonné une charge très lourde à porter. Une période plus détendue s'ensuivra.

673 MÉTAMORPHOSE ☆☆☆☆: Une transformation importante s'annonce ici. Elle portera sur le plan affectif, moral ou intellectuel. Quelque chose sera éliminé. Vous voudrez retenir ce qui part. Cette situation reste énigmatique. Mais progressivement, vous sentirez que vous avez fait peau neuve. Une lente métamorphose est en cours.

674 CONCENTRATION ☆☆: Vous devez vous concentrer sur divers éléments d'une situation. Il se peut qu'une nouvelle attristante modifie certains aspects de la question. Vous devez garder votre sang-froid et vous concentrer sur le déplacement de perspective qui s'impose. Cette situation exigera beaucoup d'énergie.

675 PERTES : Cette chambre est marquée par le signe de la perte. Une crise pourrait secouer votre vie. Il est peut-être temps de mettre fin à une relation qui ne va pas bien et qui prend beaucoup de votre temps et de votre énergie. Vous devez repartir sur des bases nouvelles.

676 CHOC ☆☆: Un événement choquant et surprenant arrivera sous peu. Est-ce le départ d'une personne aimée? Est-ce une rupture? Est-ce un accident? Quelle que soit l'épreuve, elle est imprévisible. Un grand souffle passe par là.

677 SANS REGRET ☆☆☆☆☆: Vous perdrez sous peu une chose, une personne, une relation qui vous touche. Vous ne serez cependant pas attristé par cette perte. Il fallait que ça arrive. Vous éprouverez un soulagement malgré un certain chagrin. Puis viendra une excellente période.

678 NOSTALGIE ☆☆: Cette position indique que le travail du *deuil* n'a pas été complété. Il semblerait que vous traîniez des émotions non exprimées, des souvenirs, des besoins anciens. Le terrain est propice à l'installation de la mélancolie. Vous devez prendre le temps de liquider ce qui n'a plus sa raison d'être.

681 PREMIER MALAISE ☆☆☆ : Des émotions négatives que vous avez dû réprimer par le passé pourraient être à l'origine de certains signes d'*angoisse*. Ce sera l'occasion pour vous de vous libérer d'un poids. Vous pouvez voir en cela un signe d'un très bon augure.

682 PRÉMONITION ☆ : Votre milieu traversera sous peu une période d'*angoisse*. Il importe que vous ne preniez pas sur vous l'origine de la peur. Votre intuition et votre expérience devraient vous permettre d'agir directement sur la cause du malaise. Toutefois, restez prudent.

683 ÉVOLUTION ☆☆☆ : Vous connaîtrez sous peu un brusque changement d'activité ou d'habitude. Vous traverserez sans doute une période d'anxiété à cette occasion. Il serait préférable de ne pas résister à cette transformation. Vous devez manifester un grand respect devant ce qui vous arrive. De nombreux faits avantageux en sortiront.

684 SÉPARATION ☆☆ : La situation ressemble à celle de quelqu'un qui a perdu un ami, soit par suite de son départ, de son décès ou de son infidélité. En réalité, cette personne éprouve une *angoisse* plus profonde : l'*angoisse* de la séparation. Elle a très peur de se retrouver seule. À travers cette épreuve, elle va communiquer plus profondément avec elle-même.

685 CRISE SOCIALE: Il y a des angoisses qui appartiennent à une collectivité. Un grand nombre de personnes les éprouvent. Elles sont un symptôme de transformation sociale et une promesse de renouvellement. Vous ne devez pas assumer toute la responsabilité de ce qui arrive. Ne vous en faites pas. Votre rôle à venir sera au moins aussi intéressant que l'actuel.

686 CHUTE ☆ : Vous vivrez prochainement une situation d'échec. Il se peut que vous ayez l'impression de tomber dans le vide. Vous ne devez pas vous laisser gagner par l'*angoisse* , même si cette situation est inhabituelle et pénible.

687 AVANT LE JOUR ☆☆☆☆☆ : Vous traverserez sous peu une crise d'*angoisse* existentielle. Votre expérience vous permettra de la surmonter grâce à l'élaboration d'un nouveau plan d'existence. Vous parviendrez à un stade supérieur de conscience et de compréhension. Vous devrez persévérer dans cette démarche qui vous permettra d'atteindre une grande lumière.

688 CALME ☆☆☆☆ : Un état angoissant vous touchant personnellement ou touchant une personne qui vous est proche, prendra fin bientôt. Cette difficile période était comme une épreuve de passage. Cette pénible expérience servira pour neutraliser les peurs futures. Tous les encouragements sont permis. Le long voyage au bout de la nuit se termine.

711-718 QUOTIDIEN

711 CHERCHER : Vous avez tendance à chercher ailleurs ce qui pourrait vous rendre heureux. Tout près de vous, dans votre environnement immédiat, se trouvent pourtant des éléments de bonheur. Il suffirait de cesser de chercher et d'ouvrir les yeux sur ce qui vous entoure.

712 INVENTION ☆☆☆: Il se peut que quelqu'un de votre entourage fasse une découverte utile concernant l'un ou l'autre des aspects de la vie quotidienne. Vous devez encourager cette personne à persévérer avec détermination dans son projet. De grandes chances s'offrent à elle.

713 DÉTAILS ☆☆☆: Une multitude de détails encombre la situation qui vous intéresse. Il vous faut les aborder un à un afin de venir à bout de cette question. Vous devez multiplier les efforts, c'est la seule façon pour l'instant de mener à bien l'affaire qui vous occupe.

714 CONSEILS ☆☆☆☆: Vous avez le don de prodiguer des conseils à propos de l'organisation de la vie quotidienne. Vous voyez assez justement ce qui convient à chacun, et les gens vous font confiance à ce sujet. Vous pourriez même songer à en faire un métier. Vous sauriez attirer une large clientèle.

715 IGNORANCE ☆: Il se peut qu'une difficulté surgisse dans une situation qui vous tient à cœur et que vous manquiez d'information pour la résoudre. Vous devez demander conseil à des personnes compétentes. Avec les informations nécessaires, il vous sera très facile de surmonter le problème.

716 RÉALITÉ ☆: Vous rencontrerez certains obstacles à la réalisation d'un désir. Ne vous montrez pas impatient. Vous réussirez à surmonter ces obstacles, mais vous devez d'abord les affronter et tenter de les régler le plus lucidement possible.

717 IDÉALISME ☆☆: Cette maison suggère que vous avez tendance à chercher la perfection dans une sorte d'univers irréel. Votre idéal semble situé ailleurs. Il est temps pour vous de reconsidérer vos engagements actuels et de songer à vous rapprocher de cet ailleurs.

718 JOIE QUOTIDIENNE ☆☆☆☆☆: Vous êtes sur le point de constater à quel point la vie ordinaire peut être intéressante. Elle n'est pas que tracasserie et monotonie. Au contraire, elle recèle des trésors de beauté et de joie. Cette découverte est très importante. Elle vous procurera un état de paix exceptionnel. Une bonne période s'annonce pour vous.

721 COMPÉTENCE ☆☆☆☆: Vous avez acquis une certaine compétence mais il vous reste encore des aptitudes à développer avant d'avoir pleinement confiance. Il est très important de prendre au sérieux les démarches à entreprendre. Dans cette situation, la *maturité* vous apportera la fortune.

722 SE TAIRE ☆: Malgré votre sens des responsabilités, il semble que votre entourage ne vous fait pas confiance par rapport à la question présente. Vous avez avantage à patienter et à garder le silence.

723 AVERTISSEMENT ☆☆☆: Vous aurez tendance à prendre trop de responsabilités. Vous savez que l'on peut compter sur vous et vous ne voulez pas décevoir ceux qui vous entourent. On respecte et on apprécie votre compétence. Mais attention, vous ne devez pas vous éparpiller ni vous surcharger.

724 SÉVIR ☆: Dans l'une ou l'autre de vos fonctions, vous serez amené à sévir. Une personne de votre entourage qui manifeste de bonnes intentions et qui a d'excellentes idées a cependant commis une erreur. Il vous faudra connaître la source de cette erreur. Vous devrez ensuite la corriger avec fermeté et promptitude.

725 AFFILIATION ☆☆☆☆: Vous aurez à chercher des associés ou des assistants pour stabiliser une situation. Un conjoint ou une personne de votre entourage pourrait très bien faire l'affaire. La tâche que vous avez à accomplir devient trop importante et trop grande pour que vous en preniez seul la responsabilité. N'hésitez pas à vous faire aider.

726 CONSULTATION ☆☆: Une question vous tracasse. Vous aimeriez trouver la cause de ce malaise. Il serait utile que vous consultiez des personnes compétentes. Vous aurez sans aucun doute un meilleur contrôle sur les actions et sur les situations à venir si vous arrivez à lever cette difficulté et à en comprendre les causes.

727 HAUTEUR ☆☆☆☆: Vous avez une vision large des choses. Vous avez l'habitude de prendre les problèmes de haut et de trouver des solutions. Vous avez cependant avantage à consulter les gens autour de vous afin de trouver des solutions satisfaisantes pour le plus grand nombre. Il serait peut-être temps de trouver un associé ou un partenaire. Une grande réussite s'annonce.

728 DÉLAI : Vous devez attendre encore un peu avant de vous engager dans une situation qui exigera beaucoup de vous. Vous ne semblez pas tout à fait prêt à assumer certaines responsabilités. Une dimension de l'affaire vous échappe encore. Le moment venu, vous sentirez qu'il est temps.

731-738 INITIATIVE

731 DÉBUT ✩✩✩✩: L'*initiative* porte sur le commencement d'un projet, d'une idée à mettre en valeur. Vous vous lancerez sous peu dans un domaine inconnu. Prendre les devants implique une certaine audace et une grande spontanéité. Vous ne devez pas craindre de le faire. L'époque est favorable. Un nouveau champ d'expérience va s'ouvrir.

732 DISSIMULATION ✩: Une personne de votre entourage vous dissimule certaines informations qui pourraient vous intéresser. Vous le savez. Vous aurez prochainement l'occasion de lui signifier votre désaccord à propos de son attitude. Ne donnez pas prise à ce comportement mesquin en prêtant une oreille attentive à ce qu'on pourrait éventuellement vous raconter.

733 ÉVEILLEUR ✩✩✩: Une personne de votre entourage apporte continuellement de nouvelles idées, multiplie les projets et les promesses. Vous avez tendance à vous laisser facilement emballer. Attention! N'adhérez pas trop rapidement à son enthousiasme. Ne retenez que ce qui vous convient.

734 NATUREL ✩✩✩: La situation demande que vous agissiez de façon instinctive, sans préméditation. Une logique sans faille ne ferait que bloquer l'*initiative*. Obéissez à votre intuition, faites confiance à votre sens de l'événement.

735 RUSE ✩✩: Ce que vous devez maintenant accomplir est difficile et demande la ruse du renard. Les enjeux sont formidables. Il vous faut penser une nouvelle stratégie pour venir à bout de cette situation. Vous auriez avantage à vous associer à un collaborateur ou à demander conseil à un ami.

736 FERMETÉ: Une décision que vous avez prise dans le passé influence énormément la situation présente. Cette décision a été ferme et rapide. À présent, de grandes pressions la remettent en cause. Vous risquez de flancher. Mais vous ne devez pas changer votre fusil d'épaule. Il faut tenir fermement à votre résolution.

737 RÉCOLTE ✩✩✩✩✩: Vous récolterez sous peu les fruits abondants d'une *initiative* passée. Vous mériterez pleinement ce qui vous arrivera. Le côté moins reluisant devrait vous instruire pour vos initiatives futures. De toute façon, la chance est grande.

738 TRANSFORMATION ✩: Il s'agit ici pour vous d'intervenir en vue d'une transformation personnelle concernant votre situation, votre attitude ou peut-être même votre caractère. Vous avez pu croire que tout finirait par s'arranger. Tel n'est pas le cas. Une réforme s'impose qui déclenchera des réactions inattendues. Vous pouvez compter sur une amélioration de la situation.

741 ATTACHE ☆☆: La clé de votre question est à la portée de la main. Examinez attentivement ce à quoi vous vous agrippez, ce qui vous retient, ce que vous cherchez à retenir ou à repousser. Cette étape est essentielle en vue d'une libération que vous attendez.

742 RÉVÉLATION ☆☆☆: Un profond secret vous sera prochainement révélé. Il vous apportera une grande joie. Vous découvrirez qu'une personne que vous chérissez tient à vous. Soyez attentif. Il ne faut pas éteindre la flamme qui brûle.

743 OSTENTATION ☆: Vous devez prendre garde de ne pas montrer votre *bonheur* avec ostentation. Si votre joie fait plaisir à voir pour quelques-uns, elle dérange cependant certaines personnes qui ressentent de l'envie à la vue des gens heureux. Cultivez la discrétion.

744 COMPROMIS ☆☆: Votre satisfaction ne saurait être complète si une part de vous refuse de s'abandonner au bien-être. Il y a des moments où il faut laisser dormir la raison. Prenez les choses moins au sérieux et laissez-vous aller à ce qu'il y a de bon dans la situation, même si elle n'est pas idéale.

745 COURONNEMENT ☆☆☆☆: Il arrive un moment où, inévitablement, les efforts sont couronnés de succès. Une partie de votre *bonheur* viendra du fait que les personnes de votre entourage sauront reconnaître ce que vous avez fait. Une grande source de joie s'annonce ici.

746 TRISTESSE : Malgré le caractère positif de cette maison, il se pourrait que vous éprouviez une certaine tristesse dans une relation. Une déception ou simplement la peur de ne pas réaliser l'idée du *bonheur* que vous avez est à l'origine de cette tristesse. Vous ne devez cependant pas vous laisser envahir par cet état d'âme. Bien que la tristesse ait sa raison d'être, elle ne doit pas assombrir toute votre vie. Cet état passager est normal.

747 POUVOIR ☆☆☆☆: Vous aurez prochainement l'occasion d'améliorer le sort des autres, peut-être même sur une vaste échelle. Il se peut que vous éprouviez une grande fatigue à cette occasion. Votre Destin est néanmoins heureux. Vous connaîtrez un pouvoir extraordinaire. Vous devez attendre le moment opportun.

748 DYNAMISME ☆☆☆☆☆: Vous connaîtrez sous peu une période de grande énergie. Votre rayonnement touchera votre entourage. Il semble que cette source d'énergie sera inépuisable. Elle pourrait être l'occasion d'une grande fortune.

751-758 TEMPS

751 PÉRIL ☆☆: Un événement prochain vous fera réaliser la rapidité du *temps*. Cette prise de conscience vous amènera à penser à la mort. Il se peut que la vie d'une personne de votre entourage soit en danger. Elle s'en tirera mais elle aura grandement besoin de vous.

752 GÉNÉRATION ☆: Il se peut que vous soyez aux prises avec une question de conflit de génération. Chaque fois que s'engage une tension de ce genre, on peut reconnaître de part et d'autre une possibilité de compromis. Vous aurez à faire preuve de compréhension et de patience.

753 PRÉJUGÉS ☆: Vous serez prochainement en contact avec une personne exagérément conservatrice. Ses préjugés vous agacent et peuvent même vous nuire. Le contact avec cette personne produit un climat tendu et irrespirable. Essayez de vous en dégager.

754 EXPÉRIENCES ☆☆☆: Vous semblez avoir développé une grande expérience par rapport à la situation. Le *temps* a joué en votre faveur. Il se pourrait que vous ayez à conseiller quelqu'un sur un sujet semblable. Ce faisant, vous avancerez encore.

755 ÉCART D'ÂGE ☆☆☆☆: Il se peut que vous ayez prochainement à fréquenter une personne avec laquelle vous avez une grande différence d'âge. Ce contact sera très enrichissant pour chacun de vous bien qu'il présentera certaines difficultés. Ne vous laissez pas gagner par les préjugés.

756 RECYCLAGE ☆☆☆☆☆: Une déception reliée à votre âge pourrait être l'occasion d'une remise en question de votre situation. Profitez-en pour évaluer votre potentiel et vos motivations. Une réorientation s'annonce. Grande chance.

757 MANQUE DE TEMPS : Vous aurez peut-être l'impression sous peu de manquer de *temps*. Une tâche, un projet, une relation vous demanderont plus de *temps* que prévu. Ne paniquez pas. Conservez votre calme, c'est la seule façon d'être efficace.

758 REGAIN ☆☆☆: Vous n'avez rien à craindre. Votre situation connaîtra un regain de vitalité. Vous aurez peut-être une brève déception à la suite de la perte de quelque chose. Mais ce qui n'est plus laisse la place à ce qui doit venir.

761 DÉPART ☆☆☆: Vous serez accaparé sous peu par une cause très mobilisante. Il s'agit peut-être d'une question qui vous a déjà intéressé et sur laquelle vous revenez. Il importe que cette fois-ci, vous vous engagiez pour de bon.

762 RÊVE ☆☆☆: Tout indique qu'un *idéal* caché est à l'œuvre ici. Un rêve que vous chérissez depuis longtemps devrait se réaliser. Vous pourrez sous peu en parler à la personne concernée. Réprimez votre impatience, elle risque de compromettre le projet en question.

763 ADAPTATION ☆☆☆☆: Le but poursuivi devra être déplacé si l'on veut une réussite certaine. Vous devrez par conséquent réajuster votre tir en conservant votre volonté d'arriver au succès. Une analyse de la situation vous permettra de réorienter votre objectif. La chance accompagne cette chambre.

764 RANGEMENT ☆☆☆: Il vous faudra mettre de l'ordre dans les divers aspects qui concernent un projet à long terme. La réussite de cette entreprise en dépend. Votre *idéal* ne sera atteint que par un cheminement organisé et planifié de façon serrée. Cette mise en ordre vous apportera la discipline nécessaire pour mener à terme ce projet.

765 ÉQUIPE ☆☆☆: Vous aurez sous peu à chercher de l'aide en vue de la réalisation d'un projet à long terme. Vous trouverez des ressources insoupçonnées auprès de personnes auxquelles vous n'aviez pas pensé. Soyez ouvert et confiant.

766 EXTRAVAGANCE : Cette chambre indique que vous êtes parfois porté à l'extravagance. Certains projets que vous faites prennent des proportions démesurées. Vous auriez avantage à modérer vos élans et à choisir des cibles qu'il est plus facile d' atteindre.

767 AMBITION ☆☆☆☆☆: Votre situation vous permet d'être ambitieux. Vous pouvez être confiant dans l'avenir. Tout annonce que vous rencontrerez la réussite après avoir traversé certaines difficultés. Les sacrifices qu'il vous reste à faire sont cependant nécessaires. Gardez votre détermination.

768 RETARD ☆: L'*idéal* que vous poursuivez peut parfois vous paraître de plus en plus lointain. Vous ne devez cependant pas perdre votre détermination. Il s'agit d'une impression provisoire. En réalité, chacune de vos actions fait avancer le projet.

771-778 DOUBLE FORTUNE

771 PRINTEMPS ☆☆☆: Cette chambre annonce le commencement d'une période de chance. Une situation nouvelle vous fera connaître l'exubérance et l'enthousiasme des débutants. C'est une période de grâce. Il est nécessaire que vous prévoyiez dès maintenant les retombées de cette nouvelle situation.

772 PROMESSES ☆☆☆☆: Il semblerait que vous ayez des ressources énormes. Votre talent semble hors de l'ordinaire. Vous avez tout pour réussir. Vous pouvez vous permettre de grandes ambitions car leur réalisation ne sera plus qu'une question de temps.

773 LEADER ☆☆☆: Votre aptitude à regrouper les autres pourrait sous peu être mise à contribution en vue de la réalisation d'un projet d'importance. Vous devrez exercer votre charisme avec discrétion et finesse. Ceux qui collaboreront auront beaucoup à tirer de votre fréquentation.

774 RELATIONS ☆☆☆☆: Vous jouirez prochainement d'un magnétisme vibrant. Vous saurez attirer vers vous des gens de divers milieux. Vous serez appelé à stimuler la force des autres et à les seconder pour la réalisation d'un objectif commun. Votre sens de l'organisation vous sera très précieux.

775 NOUVEAU MILIEU ☆☆☆☆: Vous entrerez prochainement en contact avec un nouveau réseau de connaissances. Cet événement aura un impact très fort sur votre vie. Ce que vous allez apprendre vous permettra d'entrevoir de larges horizons et de vous engager éventuellement dans une grande entreprise.

776 ŒUVRE ☆☆☆☆: Vous êtes grandement favorisé par une idée concernant votre entourage. Cependant, vous devrez faire un choix difficile et probablement laisser tomber quelque chose. Mais il faudra à tout prix poursuivre l'idée et lui donner forme. Une grande œuvre en sortira.

777 SUPRÊME FORTUNE ☆☆☆☆☆: En raison de la coïncidence de trois sept, cette chambre indique une situation exceptionnellement bénéfique. Vous obtiendrez la collaboration enthousiaste d'un très grand nombre de personnes. Vous pourrez compter sur leur fidélité. Votre imagination sera très fructueuse. Ce climat est réellement sublime.

778 STABILITÉ ☆☆: La *double fortune* indique que l'état d'abondance se maintiendra. Elle perdra de son charme et de sa magie puisque, d'une certaine façon, vous vous habituerez à cet état exceptionnel. Votre enthousiasme des premiers temps se calmera. Il n'en demeure pas moins que cette période est heureuse.

781 ROUTE ☆☆: Votre situation suggère une sorte de voyage, un grand voyage. Il peut s'agir d'une exploration à l'intérieur de vous-même pour mieux vous comprendre ou, au contraire, d'un déplacement à l'étranger. Il y aura beaucoup de mouvement de toute façon. On dirait qu'un grand rêve se réalise. Il y a une coïncidence dans cette chambre entre le rêve et la réalité.

782 DÉSAGRÉMENT ☆☆: La surprise qui s'en vient surgit des profondeurs de l'inconnu. Vous serez entraîné malgré vous dans une *aventure* que vous n'avez pas souhaitée. Vous n'y êtes pas préparé. C'est une cause d'inquiétude. Pourtant, la chance est là.

783 ÉMERVEILLEMENT ☆☆☆: Vous connaîtrez prochainement une phase euphorique. Chaque aspect de votre vie quotidienne se transformera en *aventure*. Vous n'aurez pas à bouger, votre imagination fera le travail pour vous.

784 DEMEURE ☆☆☆: Vous ne saurez plus où donner de la tête. Vos plans seront bouleversés. Vous serez forcé d'opérer un changement. Une nouvelle organisation doit être entreprise. Ce qui se prépare aura un grand impact dans votre avenir.

785 AFFECTION ☆☆: Cette chambre indique que l'*aventure* déclenchera de fortes sensations. Quelque chose en plus va commencer. Mais cela ne peut se réaliser qu'en étroite collaboration avec une personne qui vous est très proche. Cependant, il vous faut vous défaire d'un certain nombre de responsabilités présentes.

786 CHOIX ☆☆☆☆: Vous devez faire un choix important. Vous ne pouvez plus éviter le moment de la décision. Une période incertaine commence. C'est une véritable *aventure* qui se prépare même si vous préférez la sécurité. Une grande fortune s'annonce maintenant possible.

787 DESTIN REMARQUABLE ☆☆☆☆☆: Vous connaîtrez prochainement une *aventure* incroyable dans le temps et dans l'espace. Un véritable Destin se prépare. Même s'il accuse un certain retard, il se réalisera avec certitude. En apparence, rien ne l'annonce. En réalité, tout est prêt. Vous devez rester disponible. Double chance.

788 EXPLOIT ☆☆☆: L'*aventure* sera enivrante. Ce qui vous arrivera sera en harmonie avec votre milieu et votre sensibilité. Il n'y aura pas de fuite. Voici un augure important. Ce sera l'occasion pour vous de procéder à un grand nettoyage.

811-818   NAISSANCE

811 ÉVEIL ☆☆☆☆: Vous aurez avantage à montrer de la ruse et de l'habileté dans une situation qui s'annonce un peu difficile. Restez réceptif aux forces en jeu. Vous devez avoir le courage de vos positions. Dans les circonstances, cela vous assurera le succès et un grand moment d'éveil.

812 PRÉMATURÉ : Vous avez tendance à vous avancer trop vite. De la réflexion et de la pondération vous seraient utiles. Même si l'action vous appelle, vous devez vous asseoir et réfléchir calmement. Les résultats que vous obtiendrez seront d'autant plus satisfaisants.

813 AUDACE ☆☆: Vous arrivez à un point tournant. Il vous faut traverser la rivière mais il n'y a pas de pont. Que faire? Rester sur la rive et attendre ou risquer de plonger pour trouver ce que vous recherchez? Vous savez nager, mais vous avez peut-être peur de vous mouiller.

814 RENAISSANCE ☆☆☆: Vous aurez bientôt l'impression que votre vie est secouée par un grand vent. Vous craindrez de vous retrouver sans abri et sans protection. Cet événement vous remuera. Le renouveau qui s'annonce se prépare dans des conditions difficiles. Vous devrez faire preuve d'une grande ténacité. Après le vent viendront les jours calmes.

815 APPRENTISSAGE ☆☆☆: Une situation de renouveau s'annonce. Vous aurez besoin du soutien d'une autre personne. Vous aurez une série d'apprentissages à faire. Il importe que vous gardiez votre enthousiasme malgré les efforts que vous aurez à fournir. Ayez confiance, cette chambre est très favorable.

816 RÉORIENTATION ☆☆☆: Vous avez peut-être l'impression parfois de vous retrouver dans une forêt dont les sentiers ne sont pas battus. Mais le moment est néanmoins venu d'agir. Tous vos doutes doivent s'évaporer. Vous avez à entreprendre une œuvre de réforme. Cette démarche aura des répercussions inestimables.

817 BERCEAU ☆☆☆☆: Cette chambre est très propice pour les ambitions sociales. Elle annonce le commencement d'un Destin social remarquable. Tout est en œuvre pour sa réalisation. Il ne manque qu'une dernière intervention pour vous y préparer.

818 ATTENTE ☆: Vous allez sortir sous peu d'une situation d'attente. Une période est terminée et la nouvelle n'est pas encore commencée. Vous éprouverez peut-être un sentiment d'anxiété. Vous devez accepter la richesse de la situation et la perspective de l'attente tout en vaquant à vos occupations habituelles. C'est la seule solution.

821 SECRET LOINTAIN ☆☆: Le *secret* dont il est question est éloigné de la situation présente. Il est enfoui dans un flot de souvenirs passés. La clé de ce *secret* semble avoir été perdue. La retrouver vous prendra du temps, mais petit à petit, certains éléments vous apparaîtront si vous savez être attentif.

822 ÉMOTIONS CACHÉES : Cette chambre indique qu'il est question d'émotions cachées. Ces émotions ont tendance, à votre insu, à envahir tout le champ de votre vie. Vous auriez avantage à consulter une personne de votre entourage qui pourra vous aider à libérer certaines de ces émotions.

823 MESSAGE ☆☆☆: Un message vous révélera quelque chose de caché que vous ignoriez complètement. Il est préférable que vous ne réagissiez pas immédiatement. Faites un effort pour garder votre calme et évitez toute précipitation dans l'action. Une heureuse période s'annonce.

824 SOURCE ☆☆☆☆: Votre situation fait penser à celle d'une source qui abreuve, dans la forêt, ceux qui savent la découvrir. Vous possédez des ressources inouïes, mais il semble qu'autour de vous on l'ignore encore. Cultivez vos aptitudes : bientôt on les remarquera.

825 DÉCOUVERTE ☆☆☆: Le Destin vous prépare, dans votre domaine d'activité, une grande popularité et un rayonnement élargi. Vous vous découvrirez des dons pour stimuler les autres, pour les aider, les guider. Cette force secrète se révélera à son heure.

826 DÉGEL ☆: Vous négligez vos talents. Vous ne prenez pas la peine de les cultiver à leur juste mesure. Cette énergie créatrice inutilisée risque de se transformer en stagnation. Il est encore temps de vous secouer et d'exploiter votre force.

827 COÏNCIDENCE ☆☆☆☆☆: S'opère ici l'heureuse rencontre de plusieurs personnes qui partagent leurs talents, leurs possessions et leur énergie. Cet échange est extrêmement bénéfique pour tous. Le mystère de cette rencontre heureuse restera longtemps un *secret*.

828 DÉVOILEMENT ☆☆: Tout est sur le point de se dévoiler. L'heure de vérité est proche. Votre inquiétude va se dissiper. Un *secret* va se manifester au grand jour. Cette révélation pourrait vous permettre de prendre une décision assez radicale.

831-838 SOUPLESSE

831 LÉGÈRETÉ ☆☆☆: Vous avez avantage à garder une attitude légère et insouciante par rapport à une situation de tension. Vous ne devrez pas ramener toute votre énergie sur cette difficulté. Des distractions réjouissantes vont permettre à cette tension de se dissiper tout doucement.

832 DIPLOMATIE ☆☆: Dans la situation présente, vous ne devez rien forcer. Au contraire, il est tout indiqué de rester discret et de faire preuve d'une grande diplomatie. C'est la meilleure façon de rester maître du jeu.

833 ADAPTABILITÉ ☆☆☆: Votre *souplesse* vous permettra sous peu de vous adapter à une situation nouvelle imprévue. Un déplacement important s'annonce : vous partirez en voyage ou vous recevrez une visite. Cet événement vous ouvrira des perspectives intéressantes.

834 RESPONSABILITÉ : Il se peut que vous vous sentiez parfois prisonnier des responsabilités dans lesquelles vous êtes engagé. Vous ne devez cependant pas regretter de vous être tant impliqué. Il ne sert à rien dans les circonstances de rêver d'une liberté chimérique.

835 NOBLESSE ☆☆☆: Vous occupez un poste qui n'est pas tout à fait à la hauteur de vos talents et de vos aspirations. Pour le moment, il n'y a rien à faire sauf d'attendre et de vous préparer à votre tâche future. Votre situation exige une certaine noblesse de cœur.

836 FIDÉLITÉ ☆☆: Vous avez été fidèle pendant une longue période à une cause, à une personne, à une idée. Il se peut que vous ayez le sentiment que l'on vous a trompé. Ne restez pas immobilisé par une attache secrète. Envisagez des moyens de vous en sortir. Votre nostalgie fera place à un grand soulagement.

837 DÉLICATESSE ☆☆☆☆☆: Vous vous trouverez sous peu au cœur d'une situation exigeante. Vous aurez à faire preuve de délicatesse, car les autres ont besoin de sentir votre appui. Un jour prochain, cette bonté sera récompensée de façon extraordinaire.

838 RIGIDITÉ ☆: Par rapport à une certaine tension que vous éprouvez, vous ne devez pas hésiter à devenir plus souple et plus flexible. Ce changement d'attitude ne vous diminuera pas. Des craintes en ce sens ne sont pas fondées. Votre entourage attend beaucoup des prochaines décisions que vous prendrez.

841 OBJECTIVITÉ ☆☆☆☆: Une relation exigera de vous la plus grande *simplicité*. Vous devrez éliminer toutes les considérations qui pourraient obscurcir la solution. Ne retenez que l'essentiel. Vous vous occuperez des détails plus tard. Restez objectif et vous rencontrerez une grande chance.

842 MOTIVATIONS SECRÈTES ☆☆: Des motifs secrets contrôlent une relation que vous entretenez. Avec de la patience et beaucoup de souplesse, vous pourrez identifier les motivations obscures qui semblent guider l'état actuel de cette relation. Par la suite, vous pourrez réorienter la situation.

843 DOUCE FERMETÉ ☆☆☆: Cette chambre invite à un état de calme. Cultivez des rapports à la fois fermes et doux avec votre entourage. Il vous sera facile d'éviter les répétitions ennuyeuses et inutiles. Vous devez cependant surveiller ceux qui cherchent à vous influencer pour vous contrôler. Faites confiance à votre flair.

844 CHIMÈRE ☆: Il semble que vous vous soyez attaqué à un projet qui demandait de trop grandes ressources d'énergie et de patience. Vous chérissez un rêve irréalisable pour l'instant. Vous y consacrer dans l'immédiat vous placerait dans une situation compliquée.

845 PATERNITÉ ☆☆: Qui est le père du projet? La situation semble ambiguë. Personne ne veut assumer le leadership et la responsabilité. Votre rôle et celui des personnes qui vous entourent ne sont pas assez clairement définis.

846 ACUITÉ ☆: Vous aurez à faire face sous peu à des difficultés relatives à une création ou à une production. Une grande vigilance est recommandée. Il vous faudra le regard perçant du lynx pour démêler cette affaire. Avec de la prévoyance, ces problèmes ne devraient être que temporaires.

847 ACTION IMMÉDIATE ☆☆☆☆: Cette chambre indique que toutes les qualités nécessaires à la réalisation d'une action efficace sont présentes. Le sens de la mesure et l'intelligence de la situation sont là. Il est maintenant temps d'agir avec *simplicité*. N'hésitez plus.

848 MODESTIE ☆☆: Une situation exige de vous une grande souplesse, presque de la soumission. Si vous êtes habitué de commander et de contrôler, vous aurez tendance à vous sentir diminué. Mais en regardant les choses avec *simplicité,* vous vous apercevrez que vous réussissez quand même à exercer une grande influence malgré cette position.

851-858 GÉNÉROSITÉ

851 RÉSISTANCE ☆☆☆: Vous serez appelé sous peu à dépenser beaucoup d'énergie. Vous allez commencer quelque chose. Cependant, vous rencontrerez une résistance qui fera obstacle à l'édification de votre projet. Il vous faudra beaucoup de *générosité* pour éliminer avec grâce ces éléments.

852 EMPATHIE ☆☆: Vous serez amené sous peu à faire preuve de beaucoup de compréhension et de *générosité* à l'égard d'une personne qui adopte une attitude très artificielle envers vous. Vous pouvez améliorer cette relation sans toutefois brusquer la sensibilité de ce partenaire.

853 OUBLI ☆☆☆: Vous vous trouverez sous peu dans une situation où vous aurez à cacher vos mérites. D'autres récolteront les louanges tandis que vous ne connaîtrez que l'oubli. Il est inutile d'essayer de faire reconnaître et de faire valoir votre position. La vérité sera bientôt révélée.

854 RÉSERVE ☆: L'organisation d'une entreprise ou d'un projet est en marche. En ce moment, vous devez développer une certaine réserve. Sinon, vous risquez d'être chargé d'une responsabilité que vous ne pourriez assumer pour l'instant. Il faut ralentir le processus.

855 MAGNÉTISME ☆☆☆: Vous vous trouvez dans une situation dans laquelle vous pourriez exercer une grande influence grâce à un talent spécial que vous avez. Vous auriez ainsi l'occasion de soutenir et de réconforter ceux qui vous entourent. Une période intéressante s'annonce en ce qui concerne vos relations avec les autres.

856 ÉGOÏSME: Les forces de l'égoïsme sont dominantes dans cette chambre. Malgré les apparences, tout le système est fragile et chancelant. Cette affaire risque de beaucoup vous fatiguer. Le poids de l'égoïsme à surmonter est important. Vous devrez faire preuve de beaucoup de patience.

857 CŒUR OUVERT ☆☆☆☆: La situation est en train de changer. Une personne dans une relation qui vous tient à cœur restait contractée et fermée. Elle voulait se protéger contre d'éventuelles blessures. Maintenant, un vent doux va faire fondre la glace. Une grande joie s'annonce.

858 SAUT PÉRILLEUX ☆☆☆☆: Vous tenterez sous peu un saut périlleux qui vous permettra de vous ouvrir à quelqu'un de votre entourage. Tout deviendra possible en raison de la gratuité de vos intentions et de votre geste. Quoi qu'il puisse arriver maintenant, la partie est gagnée. Les règles du jeu sont bouleversées.

861 ARRÊT ☆☆☆☆: Vous serez amené à vous arrêter et à couper le fil habituel de vos activités. Il peut s'agir d'une maladie ou d'une période de repos. Cette immobilisation vous permettra de régler un certain nombre de problèmes personnels que vous négligiez. Ce moment de solitude vous sera très profitable.

862 RETRAITE ☆: Vous vous trouverez dans une situation mettant en scène un adversaire sérieux. Vous aurez une envie très forte de lui tenir tête et d'ouvrir les hostilités. Pour le moment, toutefois, il vaudrait mieux retenir votre fougue. Une retraite prudente vous épargnera des ennuis. Vous aurez l'occasion sous peu de riposter et de tirer avantage de cette situation.

863 DÉSAVANTAGE ☆☆: Vous êtes préoccupé par une entreprise qui ne donne pas les résultats escomptés. Vous pourrez prochainement relancer l'affaire et obtenir satisfaction. Mais pour le moment, il vaut mieux songer aux moyens les plus stratégiques à adopter.

864 CONFUSION DES RÔLES ☆☆: Vous éprouverez une certaine insatisfaction par rapport à un rôle social, familial ou professionnel. En réalité, il y a eu confusion des rôles dès le départ. Cette confusion risque de prendre une tournure désagréable. Il est temps de clarifier la situation.

865 CONDUITE D'ÉCHEC: Vous avez adopté des dispositions négatives par rapport à un projet. Vous vous êtes tracé un scénario qui vous réduit à une défaite probable. Il est encore temps de redresser la situation et de reprendre le contrôle sur ce conditionnement. Celui qui part perdant a peu de chance de réussir.

866 DÉFI ☆☆: À propos d'une question, il semble qu'inconsciemment, vous ayez tendance à vous diriger vers des gens qui échouent. Ceci vous offre quand même un avantage : vous avez l'occasion de mettre en valeur vos propres capacités et vous pouvez ainsi relever de nombreux défis.

867 REMONTÉE ☆☆☆☆☆: À la suite d'une déception, vous connaîtrez une période de remontée exceptionnelle. Une attitude d'ouverture par rapport aux autres vous aidera. Une période très féconde s'annonce pour la remontée. Il est conseillé de tenir compte des erreurs passées tout en restant confiant.

868 DÉSILLUSION ☆☆☆: Vous aurez sous peu l'impression de revenir à la case de départ. C'est un peu comme si tout ce à quoi vous croyiez s'envolait en fumée. Mais cette désillusion prépare le terrain pour un nouveau départ qui se fera sur des bases plus solides et mieux évaluées.

871-878 ENFANCE

871 DÉMARRAGE ☆☆☆: Vous rencontrerez certaines difficultés dans le démarrage d'une affaire. D'une manière générale, les débuts de projet demandent de gros efforts. Vous aurez plus de facilité par la suite si vous vous faites aider au départ.

872 INDÉPENDANCE ☆: Cette chambre indique qu'il y a oscillation entre le désir d'être indépendant et celui de rester attaché à une forme de dépendance. Il vous faudrait assumer certaines responsabilités que vous n'êtes peut-être pas disposé à endosser pour l'instant. C'est pourquoi vous devrez renoncer pour un temps à votre idéal d'autonomie.

873 DÉMOTIVATION : Tout indique que vous vous êtes longtemps laissé porter par une autre personne ou par une équipe dans la réalisation d'un projet. Vous possédez suffisamment d'informations et de ressources pour fonctionner par vous-même. Vous manquez peut-être de motivation et d'assurance. Vous devez attendre avant de vous lancer seul dans une entreprise.

874 CURIOSITÉ ☆☆: S'il vous arrive parfois de trouver que votre vie est monotone, c'est que vous attendez trop de l'extérieur. Vous devez chercher en vous l'esprit d'ouverture qui caractérise les enfants. N'ayez pas peur de laisser tomber certaines habitudes, au moins pour un temps.

875 CANDEUR ☆☆☆☆☆: Dans la vie, tout est constamment changeant et nouveau pour ceux qui cultivent la candeur de l'*enfance*. La situation en question exige une grande ouverture et une certaine naïveté créatrice. Si vous gardez votre simplicité, vous saurez surmonter les obstacles. Grande réussite.

876 TROMPEUR ☆☆: Une personne de votre entourage ou un collaborateur semble ouvert et généreux. Cette personne est très attachante et séductrice, mais ses intentions comportent une certaine ambiguïté. Vous auriez avantage à vous montrer prudent. Alors tout s'arrangera.

877 VULNÉRABILITÉ ☆☆☆☆: Votre expérience sera très utile par rapport à une question qui se présentera prochainement. Vous aurez avantage à faire preuve de fragilité et de vulnérabilité tout en restant conscient de votre force et de votre compétence. Une nouvelle ressource va se manifester sous peu qui vous permettra de mener à bien ce projet. La réussite sera éclatante.

878 INTUITION ☆: L'expérience acquise ne sera pas d'une grande utilité dans les circonstances. Vous aurez avantage à faire appel à votre intuition qui représente le meilleur allié dans cette situation. Retrouvez l'enthousiasme du débutant et envisagez la solution d'une toute nouvelle façon.

881 AUBE ☆☆☆: Cette chambre indique une grande clarté intérieure. Mais la nuit extérieure ne semble pas passée. Il vous faut encore travailler à éliminer certaines peurs ou une rancune tenace. Une partie de votre force semble encore coincée par une image figée. Vous devez la dégager.

882 CREUX : Cette chambre annonce un certain vide qui ne concerne pas la créativité mais un épuisement, un manque de motivation. Vous avez beaucoup de moyens mais pas assez d'enthousiasme. Ce creux n'est que provisoire. Il importe toutefois que vous soyez attentif à la situation.

883 VERTIGE ☆☆☆: Il y a un proverbe qui dit que la nature a horreur du vide. Les gens de cœur s'en nourrissent au contraire. Vous ne devez pas craindre le vide produit par certains changements. Il est important de faire de la place pour une situation plus intense et exaltante.

884 NOUVEL ESPACE ☆☆☆☆: Vous devez oser abandonner des habitudes anciennes et travailler à acquérir des connaissances nouvelles. Une grande énergie émanera de ce remue-ménage. Gardez votre détermination et persévérez dans le développement de nouvelles habitudes mieux adaptées. Il est important que vous ne laissiez pas tomber votre intuition première.

885 INSPIRATEUR ☆☆☆: Tout indique que vous ferez la rencontre d'une personne remarquable qui vous permettra de mettre de l'ordre dans votre situation. Elle vous sera d'un précieux secours. Mais cette personne est très discrète et réservée. C'est vous qui devez la reconnaître.

886 FAIRE LE VIDE ☆: Il serait temps de procéder à un nettoyage dans vos idées, vos occupations ou vos relations. Vous êtes peut-être trop attaché à vos idées ou à des choses qui n'ont plus d'intérêt dans votre vie. Vous devez vous débarrasser de toute forme de nostalgie du temps passé.

887 FOLLE SAGESSE ☆☆☆: Vous avez avantage à cultiver votre sens de l'humour. Une des clés de la réussite consiste à savoir prendre au sérieux ce qu'on doit faire sans toutefois se prendre soi-même au sérieux. Une certaine dose de folie est un signe de sagesse. Cette chambre annonce une grande détente.

888 EXTASE ☆☆☆☆☆: Le triple huit indique la possibilité de faire une expérience exceptionnelle. Vous abandonnerez une série d'images fausses par rapport à un problème qui vous préoccupe depuis longtemps. Vous vivrez un fort sentiment de réconciliation, d'harmonie et d'ouverture.

TABLE DES MATIÈRES

FICHE PERSONNELLE

NOM : *Nicole*

	1er Dé Date de naissance	2e Dé Date d'aujourd'hui	3e Dé Élément complémentaire	Total des Étoiles
Date	8 Sept.	20 Janv	—	—
Signe	vierge	verseau	—	—
Élément	terre	air	eau	—
Couleur	Brun.	Clair.	bleu.	—
Numéro du Dé	7	3	7	—
Nombre d'Étoiles obtenues	5	3	3	11

ROUE DE LA DESTINÉE

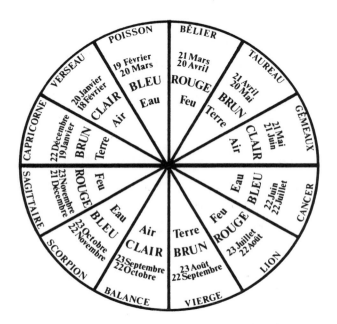

FICHE PERSONNELLE

NOM : _____

	1ᵉʳ Dé Date de naissance	2ᵉ Dé Date d'aujourd'hui	3ᵉ Dé Élément complémentaire	Total des Étoiles
Date			—	—
Signe			—	—
Élément				—
Couleur				—
Numéro du Dé				—
Nombre d'Étoiles obtenues				

ROUE DE LA DESTINÉE

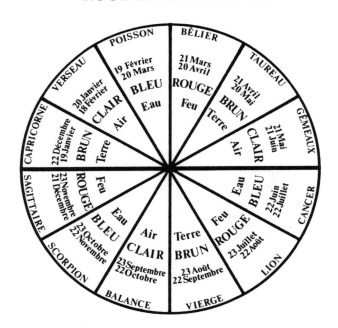

FICHE PERSONNELLE

NOM : _____

	1er Dé Date de naissance	2e Dé Date d'aujourd'hui	3e Dé Élément complémentaire	Total des Étoiles
Date			—	—
Signe			—	—
Élément				—
Couleur				—
Numéro du Dé				—
Nombre d'Étoiles obtenues				

ROUE DE LA DESTINÉE

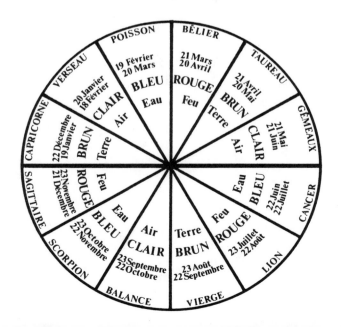

FICHE PERSONNELLE

NOM : _____

	1er Dé Date de naissance	2e Dé Date d'aujourd'hui	3e Dé Élément complémentaire	Total des Étoiles
Date			—	—
Signe			—	—
Élément				—
Couleur				—
Numéro du Dé				—
Nombre d'Étoiles obtenues				

ROUE DE LA DESTINÉE

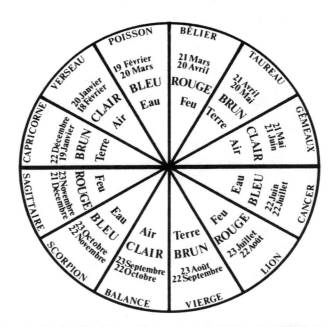

FICHE PERSONNELLE

NOM : *Nicole Rail*

	1er Dé Date de naissance	2e Dé Date d'aujourd'hui	3e Dé Élément complémentaire	Total des Étoiles
Date	18 déc	23 janv.	—	—
Signe	Sagitaire	verseau	—	—
Élément	Feu	Air	Air	—
Couleur	Rouge.	Clair.	Clair	—
Numéro du Dé	5	2	1	—
Nombre d'Étoiles obtenues	3	2	2	7

ROUE DE LA DESTINÉE

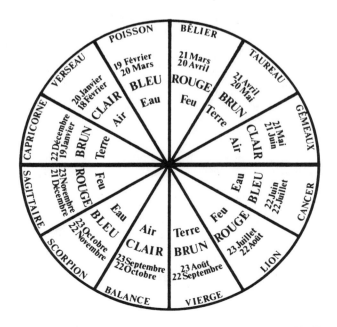

FICHE PERSONNELLE

NOM : _____

	1ᵉʳ Dé Date de naissance	2ᵉ Dé Date d'aujourd'hui	3ᵉ Dé Élément complémentaire	Total des Étoiles
Date			—	—
Signe			—	—
Élément				—
Couleur				—
Numéro du Dé				—
Nombre d'Étoiles obtenues				

ROUE DE LA DESTINÉE

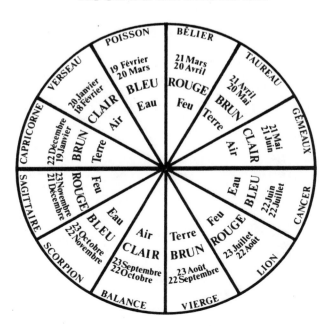

FICHE PERSONNELLE

NOM : _____

	1er Dé Date de naissance	2e Dé Date d'aujourd'hui	3e Dé Élément complémentaire	Total des Étoiles
Date			—	—
Signe			—	—
Élément				—
Couleur				—
Numéro du Dé				—
Nombre d'Étoiles obtenues				

ROUE DE LA DESTINÉE

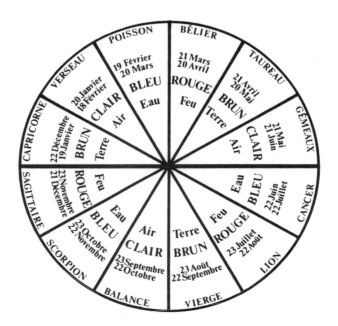

FICHE PERSONNELLE

NOM : _____

	1er Dé Date de naissance	2e Dé Date d'aujourd'hui	3e Dé Élément complémentaire	Total des Étoiles
Date			—	—
Signe			—	—
Élément				—
Couleur				—
Numéro du Dé				—
Nombre d'Étoiles obtenues				

ROUE DE LA DESTINÉE

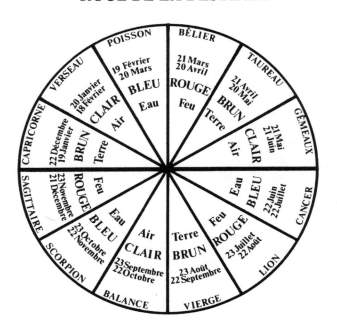

FICHE PERSONNELLE

NOM : _____

	1ᵉʳ Dé Date de naissance	2ᵉ Dé Date d'aujourd'hui	3ᵉ Dé Élément complémentaire	Total des Étoiles
Date			—	—
Signe			—	—
Élément				—
Couleur				—
Numéro du Dé				—
Nombre d'Étoiles obtenues				

ROUE DE LA DESTINÉE

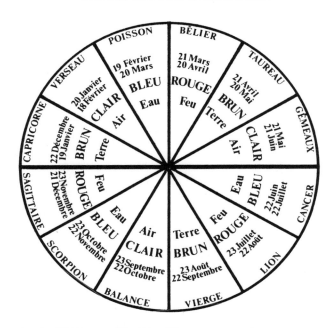

FICHE PERSONNELLE

NOM : _____

	1er Dé Date de naissance	2e Dé Date d'aujourd'hui	3e Dé Élément complémentaire	Total des Étoiles
Date			—	—
Signe			—	—
Élément				—
Couleur				—
Numéro du Dé				—
Nombre d'Étoiles obtenues				

ROUE DE LA DESTINÉE

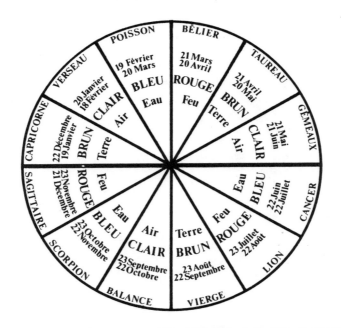

FICHE PERSONNELLE

NOM : _____

	1er Dé Date de naissance	2e Dé Date d'aujourd'hui	3e Dé Élément complémentaire	Total des Étoiles
Date			—	—
Signe			—	—
Élément				—
Couleur				—
Numéro du Dé				—
Nombre d'Étoiles obtenues				

ROUE DE LA DESTINÉE

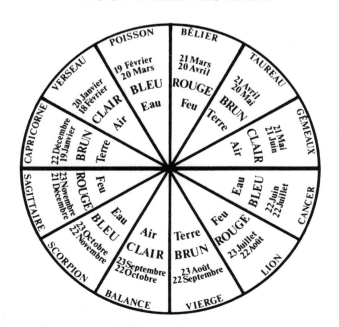

FICHE PERSONNELLE

NOM : _____

	1er Dé Date de naissance	2e Dé Date d'aujourd'hui	3e Dé Élément complémentaire	Total des Étoiles
Date			—	—
Signe			—	—
Élément				—
Couleur				—
Numéro du Dé				—
Nombre d'Étoiles obtenues				

ROUE DE LA DESTINÉE

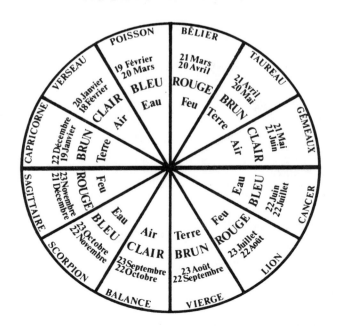

FICHE PERSONNELLE

NOM : _____

	1er Dé Date de naissance	2e Dé Date d'aujourd'hui	3e Dé Élément complémentaire	Total des Étoiles
Date			—	—
Signe			—	—
Élément				—
Couleur				—
Numéro du Dé				—
Nombre d'Étoiles obtenues				

ROUE DE LA DESTINÉE

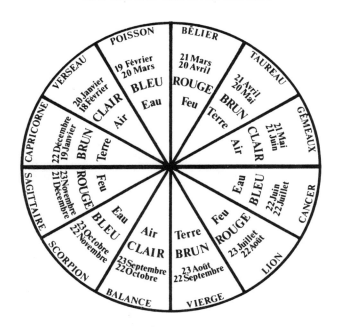

FICHE PERSONNELLE

NOM : _____

	1ᵉʳ Dé Date de naissance	2ᵉ Dé Date d'aujourd'hui	3ᵉ Dé Élément complémentaire	Total des Étoiles
Date			—	—
Signe			—	—
Élément				—
Couleur				—
Numéro du Dé				—
Nombre d'Étoiles obtenues				

ROUE DE LA DESTINÉE

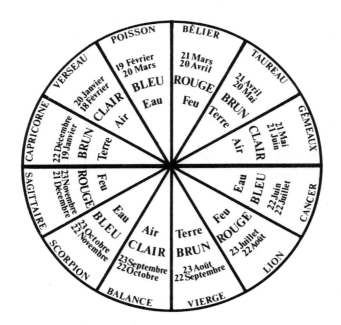

FICHE PERSONNELLE

NOM : _____

	1er Dé Date de naissance	2e Dé Date d'aujourd'hui	3e Dé Élément complémentaire	Total des Étoiles
Date			—	—
Signe			—	—
Élément				—
Couleur				—
Numéro du Dé				—
Nombre d'Étoiles obtenues				

ROUE DE LA DESTINÉE

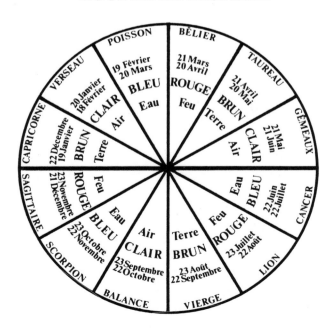

FICHE PERSONNELLE

NOM : _____

	1er Dé Date de naissance	2e Dé Date d'aujourd'hui	3e Dé Élément complémentaire	Total des Étoiles
Date		—	—	
Signe		—	—	
Élément			—	
Couleur			—	
Numéro du Dé			—	
Nombre d'Étoiles obtenues				

ROUE DE LA DESTINÉE

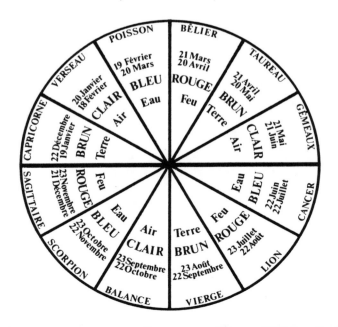

FICHE PERSONNELLE

NOM : _____

	1er Dé Date de naissance	2e Dé Date d'aujourd'hui	3e Dé Élément complémentaire	Total des Étoiles
Date			—	—
Signe			—	—
Élément				—
Couleur				—
Numéro du Dé				—
Nombre d'Étoiles obtenues				

ROUE DE LA DESTINÉE

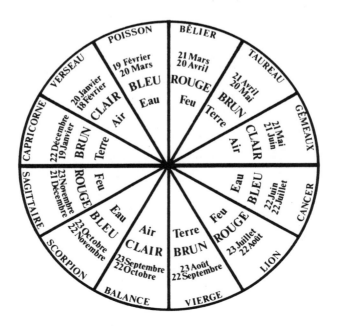

FICHE PERSONNELLE

NOM : _____

	1er Dé Date de naissance	2e Dé Date d'aujourd'hui	3e Dé Élément complémentaire	Total des Étoiles
Date			—	—
Signe			—	—
Élément				—
Couleur				—
Numéro du Dé				—
Nombre d'Étoiles obtenues				

ROUE DE LA DESTINÉE

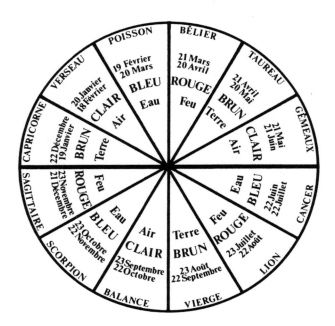

FICHE PERSONNELLE

NOM : _____

	1er Dé Date de naissance	2e Dé Date d'aujourd'hui	3e Dé Élément complémentaire	Total des Étoiles
Date			—	—
Signe			—	—
Élément				—
Couleur				—
Numéro du Dé				—
Nombre d'Étoiles obtenues				

ROUE DE LA DESTINÉE

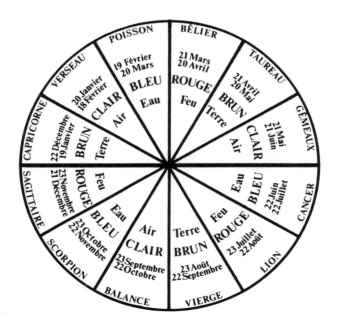

FICHE PERSONNELLE

NOM : _____

	1er Dé Date de naissance	2e Dé Date d'aujourd'hui	3e Dé Élément complémentaire	Total des Étoiles
Date			—	—
Signe			—	—
Élément				—
Couleur				—
Numéro du Dé				—
Nombre d'Étoiles obtenues				

ROUE DE LA DESTINÉE

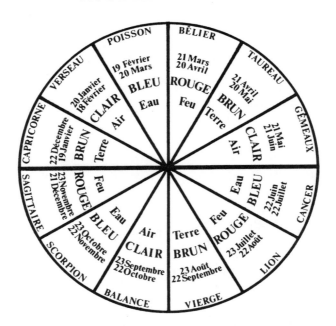

FICHE PERSONNELLE

NOM : _____

	1er Dé Date de naissance	2e Dé Date d'aujourd'hui	3e Dé Élément complémentaire	Total des Étoiles
Date			—	—
Signe			—	—
Élément				—
Couleur				—
Numéro du Dé				—
Nombre d'Étoiles obtenues				

ROUE DE LA DESTINÉE

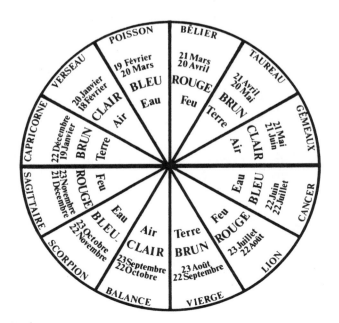

FICHE PERSONNELLE

NOM : _____

	1er Dé Date de naissance	2e Dé Date d'aujourd'hui	3e Dé Élément complémentaire	Total des Étoiles
Date			—	—
Signe			—	—
Élément				—
Couleur				—
Numéro du Dé				—
Nombre d'Étoiles obtenues				

ROUE DE LA DESTINÉE

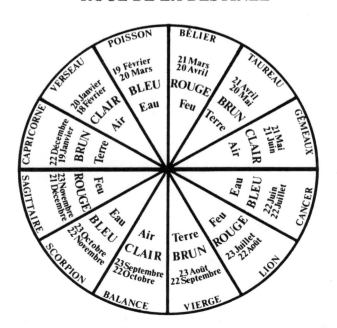

FICHE PERSONNELLE

NOM : _____

	1er Dé Date de naissance	2e Dé Date d'aujourd'hui	3e Dé Élément complémentaire	Total des Étoiles
Date			—	—
Signe			—	—
Élément				—
Couleur				—
Numéro du Dé				—
Nombre d'Étoiles obtenues				

ROUE DE LA DESTINÉE

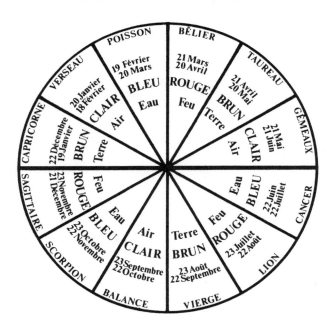

FICHE PERSONNELLE

NOM : _____

	1er Dé Date de naissance	2e Dé Date d'aujourd'hui	3e Dé Élément complémentaire	Total des Étoiles
Date			—	—
Signe			—	—
Élément				—
Couleur				—
Numéro du Dé				—
Nombre d'Étoiles obtenues				

ROUE DE LA DESTINÉE

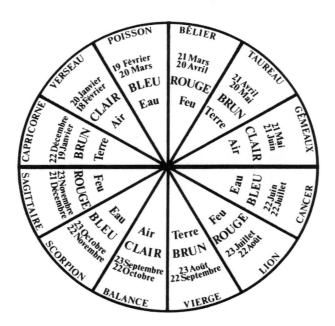

FICHE PERSONNELLE

NOM : _____

	1er Dé Date de naissance	2e Dé Date d'aujourd'hui	3e Dé Élément complémentaire	Total des Étoiles
Date			—	—
Signe			—	—
Élément				—
Couleur				—
Numéro du Dé				—
Nombre d'Étoiles obtenues				

ROUE DE LA DESTINÉE

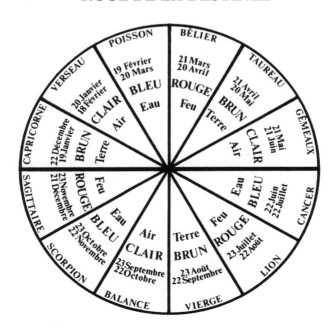

FICHE PERSONNELLE

NOM : _____

	1ᵉʳ Dé Date de naissance	2ᵉ Dé Date d'aujourd'hui	3ᵉ Dé Élément complémentaire	Total des Étoiles
Date			—	—
Signe			—	—
Élément				—
Couleur				—
Numéro du Dé				—
Nombre d'Étoiles obtenues				

ROUE DE LA DESTINÉE

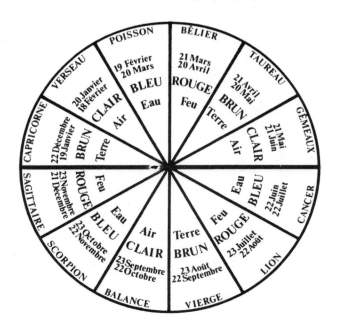

FICHE PERSONNELLE

NOM : _____

	1er Dé Date de naissance	2e Dé Date d'aujourd'hui	3e Dé Élément complémentaire	Total des Étoiles
Date			—	—
Signe			—	—
Élément				—
Couleur				—
Numéro du Dé				—
Nombre d'Étoiles obtenues				

ROUE DE LA DESTINÉE

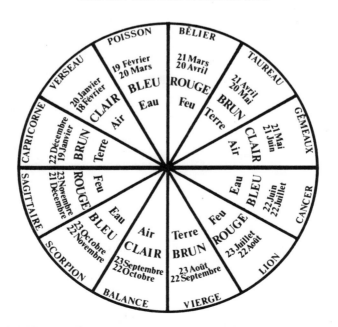

FICHE PERSONNELLE

NOM : _____

	1er Dé Date de naissance	2e Dé Date d'aujourd'hui	3e Dé Élément complémentaire	Total des Étoiles
Date			—	—
Signe			—	—
Élément				—
Couleur				—
Numéro du Dé				—
Nombre d'Étoiles obtenues				

ROUE DE LA DESTINÉE

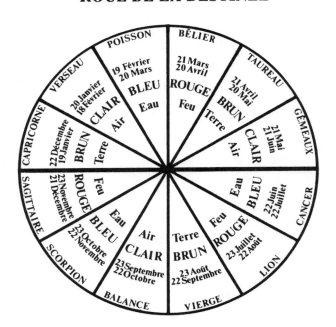

FICHE PERSONNELLE

NOM : _____

	1er Dé Date de naissance	2e Dé Date d'aujourd'hui	3e Dé Élément complémentaire	Total des Étoiles
Date			—	—
Signe			—	—
Élément				—
Couleur				—
Numéro du Dé				—
Nombre d'Étoiles obtenues				

ROUE DE LA DESTINÉE

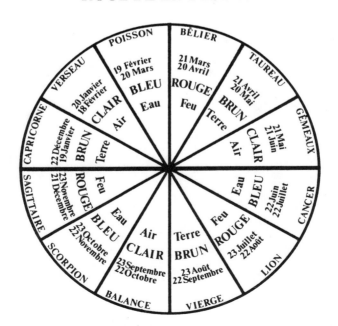

FICHE PERSONNELLE

NOM : _____

	1er Dé Date de naissance	2e Dé Date d'aujourd'hui	3e Dé Élément complémentaire	Total des Étoiles
Date			—	—
Signe			—	—
Élément				—
Couleur				—
Numéro du Dé				—
Nombre d'Étoiles obtenues				

ROUE DE LA DESTINÉE

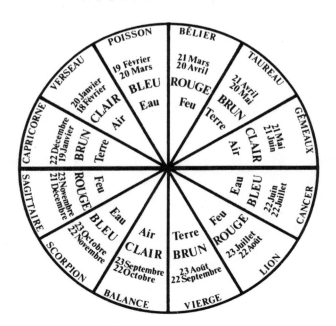

FICHE PERSONNELLE

NOM : _____

	1er Dé Date de naissance	2e Dé Date d'aujourd'hui	3e Dé Élément complémentaire	Total des Étoiles
Date			—	—
Signe			—	—
Élément				—
Couleur				—
Numéro du Dé				—
Nombre d'Étoiles obtenues				

ROUE DE LA DESTINÉE

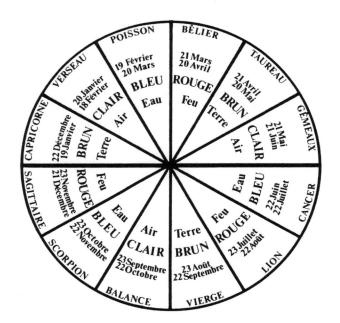

FICHE PERSONNELLE

NOM : _____

	1er Dé Date de naissance	2e Dé Date d'aujourd'hui	3e Dé Élément complémentaire	Total des Étoiles
Date			—	—
Signe			—	—
Élément				—
Couleur				—
Numéro du Dé				—
Nombre d'Étoiles obtenues				

ROUE DE LA DESTINÉE

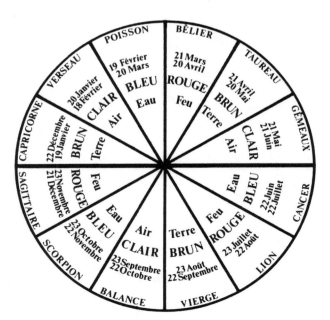

FICHE PERSONNELLE

NOM : _____

	1er Dé Date de naissance	2e Dé Date d'aujourd'hui	3e Dé Élément complémentaire	Total des Étoiles
Date			—	—
Signe			—	—
Élément				—
Couleur				—
Numéro du Dé				—
Nombre d'Étoiles obtenues				

ROUE DE LA DESTINÉE

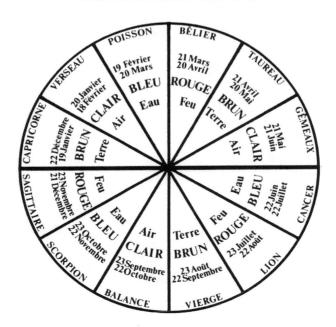

FICHE PERSONNELLE

NOM : _____

	1er Dé Date de naissance	2e Dé Date d'aujourd'hui	3e Dé Élément complémentaire	Total des Étoiles
Date			—	—
Signe			—	—
Élément				—
Couleur				—
Numéro du Dé				—
Nombre d'Étoiles obtenues				

ROUE DE LA DESTINÉE

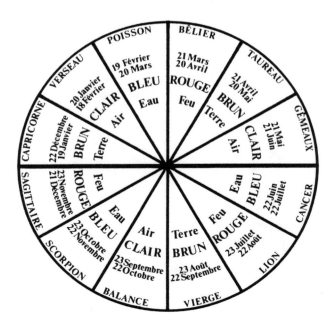

FICHE PERSONNELLE

NOM : _____

	1er Dé Date de naissance	2e Dé Date d'aujourd'hui	3e Dé Élément complémentaire	Total des Étoiles
Date			—	—
Signe			—	—
Élément				—
Couleur				—
Numéro du Dé				—
Nombre d'Étoiles obtenues				

ROUE DE LA DESTINÉE

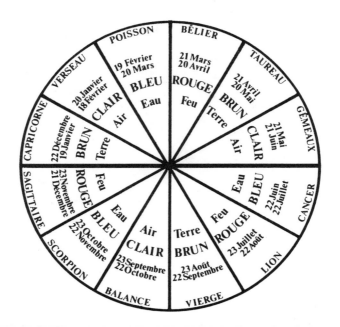

FICHE PERSONNELLE

NOM : _____

	1er Dé Date de naissance	2e Dé Date d'aujourd'hui	3e Dé Élément complémentaire	Total des Étoiles
Date			—	—
Signe			—	—
Élément				—
Couleur				—
Numéro du Dé				—
Nombre d'Étoiles obtenues				

ROUE DE LA DESTINÉE

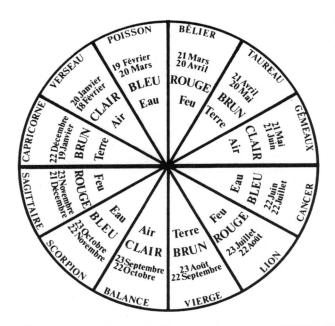

FICHE PERSONNELLE

NOM : _____

	1ᵉʳ Dé Date de naissance	2ᵉ Dé Date d'aujourd'hui	3ᵉ Dé Élément complémentaire	Total des Étoiles
Date			—	—
Signe			—	—
Élément				—
Couleur				—
Numéro du Dé				—
Nombre d'Étoiles obtenues				

ROUE DE LA DESTINÉE

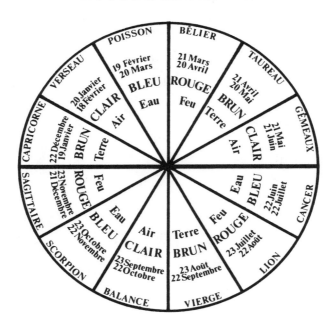

FICHE PERSONNELLE

NOM : _____

	1er Dé Date de naissance	2e Dé Date d'aujourd'hui	3e Dé Élément complémentaire	Total des Étoiles
Date			—	—
Signe			—	—
Élément				—
Couleur				—
Numéro du Dé				—
Nombre d'Étoiles obtenues				

ROUE DE LA DESTINÉE

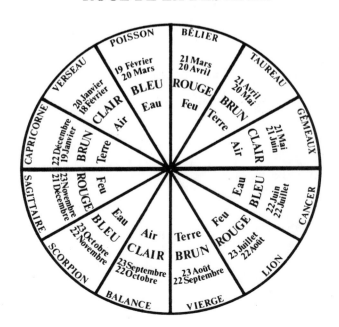

FICHE PERSONNELLE

NOM : _____

	1er Dé Date de naissance	2e Dé Date d'aujourd'hui	3e Dé Élément complémentaire	Total des Étoiles
Date			—	—
Signe			—	—
Élément				—
Couleur				—
Numéro du Dé				—
Nombre d'Étoiles obtenues				

ROUE DE LA DESTINÉE

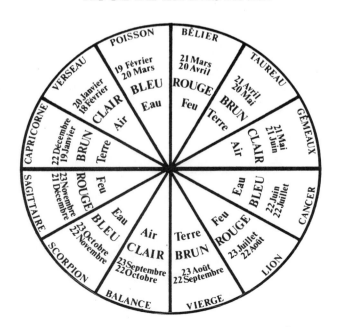

FICHE PERSONNELLE

NOM : _____

	1er Dé Date de naissance	2e Dé Date d'aujourd'hui	3e Dé Élément complémentaire	Total des Étoiles
Date			—	—
Signe			—	—
Élément				—
Couleur				—
Numéro du Dé				—
Nombre d'Étoiles obtenues				

ROUE DE LA DESTINÉE

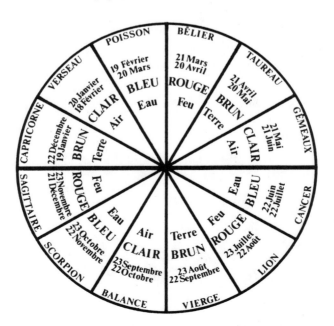

FICHE PERSONNELLE

NOM : _____

	1er Dé Date de naissance	2e Dé Date d'aujourd'hui	3e Dé Élément complémentaire	Total des Étoiles
Date			—	—
Signe			—	—
Élément				—
Couleur				—
Numéro du Dé				—
Nombre d'Étoiles obtenues				

ROUE DE LA DESTINÉE

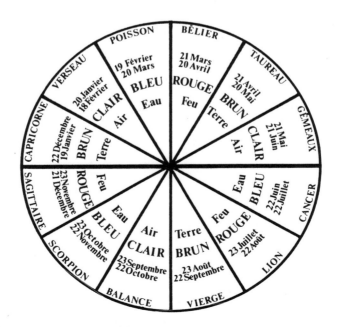

FICHE PERSONNELLE

NOM : _____

	1ᵉʳ Dé Date de naissance	2ᵉ Dé Date d'aujourd'hui	3ᵉ Dé Élément complémentaire	Total des Étoiles
Date			—	—
Signe			—	—
Élément				—
Couleur				—
Numéro du Dé				—
Nombre d'Étoiles obtenues				

ROUE DE LA DESTINÉE

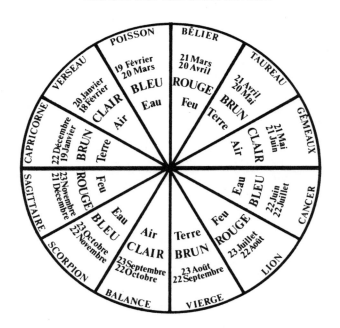

FICHE PERSONNELLE

NOM : _____

	1er Dé Date de naissance	2e Dé Date d'aujourd'hui	3e Dé Élément complémentaire	Total des Étoiles
Date			—	—
Signe			—	—
Élément				—
Couleur				—
Numéro du Dé				—
Nombre d'Étoiles obtenues				

ROUE DE LA DESTINÉE

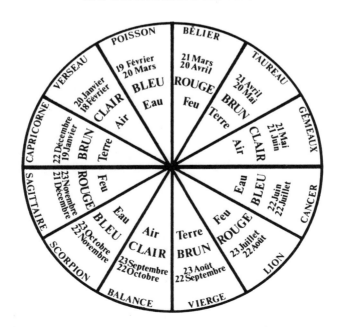

FICHE PERSONNELLE

NOM : _____

	1ᵉʳ Dé Date de naissance	2ᵉ Dé Date d'aujourd'hui	3ᵉ Dé Élément complémentaire	Total des Étoiles
Date			—	—
Signe			—	—
Élément				—
Couleur				—
Numéro du Dé				—
Nombre d'Étoiles obtenues				

ROUE DE LA DESTINÉE

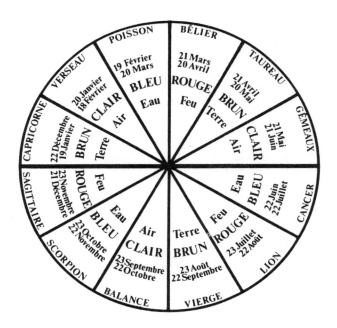

FICHE PERSONNELLE

NOM : _____

	1er Dé Date de naissance	2e Dé Date d'aujourd'hui	3e Dé Élément complémentaire	Total des Étoiles
Date			—	—
Signe			—	—
Élément				—
Couleur				—
Numéro du Dé				—
Nombre d'Étoiles obtenues				

ROUE DE LA DESTINÉE

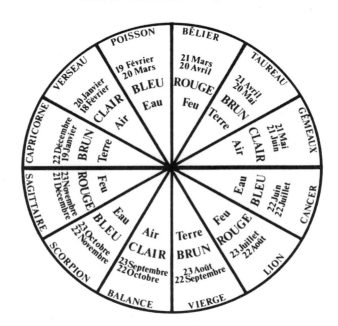

FICHE PERSONNELLE

NOM : _____

	1ᵉʳ Dé Date de naissance	2ᵉ Dé Date d'aujourd'hui	3ᵉ Dé Élément complémentaire	Total des Étoiles
Date			—	—
Signe			—	—
Élément				—
Couleur				—
Numéro du Dé				—
Nombre d'Étoiles obtenues				

ROUE DE LA DESTINÉE

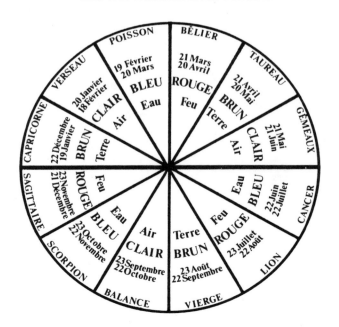

FICHE PERSONNELLE

NOM : _____

	1er Dé Date de naissance	2e Dé Date d'aujourd'hui	3e Dé Élément complémentaire	Total des Étoiles
Date			—	—
Signe			—	—
Élément				—
Couleur				—
Numéro du Dé				—
Nombre d'Étoiles obtenues				

ROUE DE LA DESTINÉE

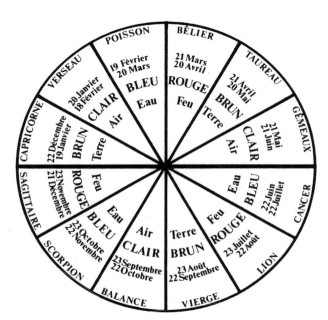

FICHE PERSONNELLE

NOM : _____

	1ᵉʳ Dé Date de naissance	2ᵉ Dé Date d'aujourd'hui	3ᵉ Dé Élément complémentaire	Total des Étoiles
Date			—	—
Signe			—	—
Élément				—
Couleur				—
Numéro du Dé				—
Nombre d'Étoiles obtenues				

ROUE DE LA DESTINÉE

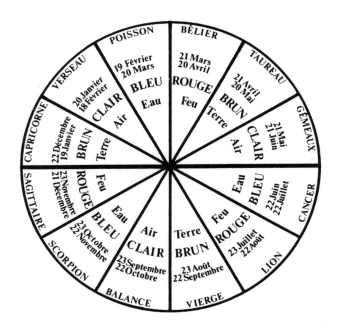

FICHE PERSONNELLE

NOM : _____

	1er Dé Date de naissance	2e Dé Date d'aujourd'hui	3e Dé Élément complémentaire	Total des Étoiles
Date			—	—
Signe			—	—
Élément				—
Couleur				—
Numéro du Dé				—
Nombre d'Étoiles obtenues				

ROUE DE LA DESTINÉE

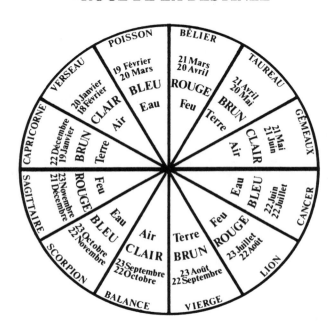

FICHE PERSONNELLE

NOM : _____

	1er Dé Date de naissance	2e Dé Date d'aujourd'hui	3e Dé Élément complémentaire	Total des Étoiles
Date			—	—
Signe			—	—
Élément				—
Couleur				—
Numéro du Dé				—
Nombre d'Étoiles obtenues				

ROUE DE LA DESTINÉE

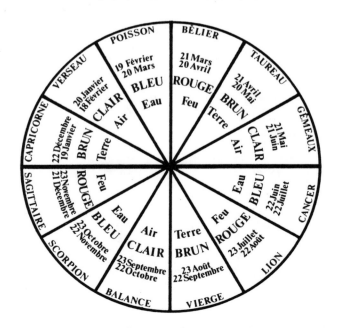

FICHE PERSONNELLE

NOM : _____

	1er Dé Date de naissance	2e Dé Date d'aujourd'hui	3e Dé Élément complémentaire	Total des Étoiles
Date			—	—
Signe			—	—
Élément				—
Couleur				—
Numéro du Dé				—
Nombre d'Étoiles obtenues				

ROUE DE LA DESTINÉE

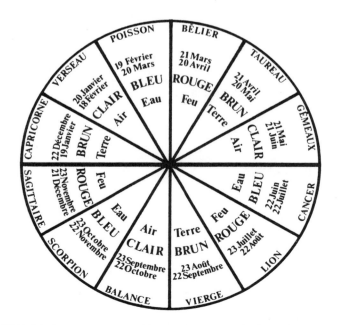

FICHE PERSONNELLE

NOM : _____

	1er Dé Date de naissance	2e Dé Date d'aujourd'hui	3e Dé Élément complémentaire	Total des Étoiles
Date			—	—
Signe			—	—
Élément				—
Couleur				—
Numéro du Dé				—
Nombre d'Étoiles obtenues				

ROUE DE LA DESTINÉE

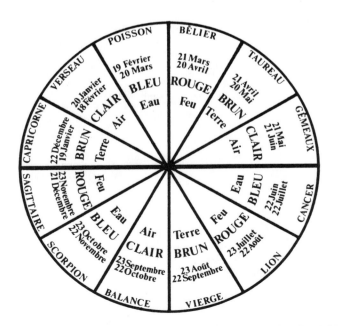

FICHE PERSONNELLE

NOM : _____

	1er Dé Date de naissance	2e Dé Date d'aujourd'hui	3e Dé Élément complémentaire	Total des Étoiles
Date			—	—
Signe			—	—
Élément				—
Couleur				—
Numéro du Dé				—
Nombre d'Étoiles obtenues				

ROUE DE LA DESTINÉE

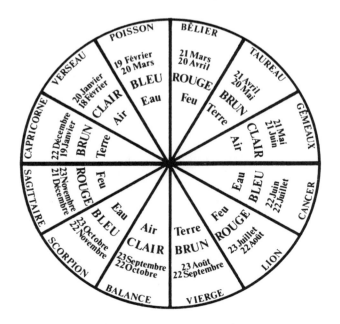

FICHE PERSONNELLE

NOM : _____

	1er Dé Date de naissance	2e Dé Date d'aujourd'hui	3e Dé Élément complémentaire	Total des Étoiles
Date			—	—
Signe			—	—
Élément				—
Couleur				—
Numéro du Dé				—
Nombre d'Étoiles obtenues				

ROUE DE LA DESTINÉE

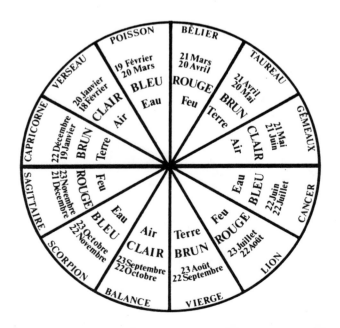

FICHE PERSONNELLE

NOM : _____

	1er Dé Date de naissance	2e Dé Date d'aujourd'hui	3e Dé Élément complémentaire	Total des Étoiles
Date			—	—
Signe			—	—
Élément				—
Couleur				—
Numéro du Dé				—
Nombre d'Étoiles obtenues				

ROUE DE LA DESTINÉE

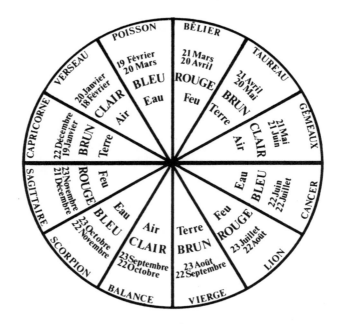

FICHE PERSONNELLE

NOM : _____

	1er Dé Date de naissance	2e Dé Date d'aujourd'hui	3e Dé Élément complémentaire	Total des Étoiles
Date			—	—
Signe			—	—
Élément				—
Couleur				—
Numéro du Dé				—
Nombre d'Étoiles obtenues				

ROUE DE LA DESTINÉE

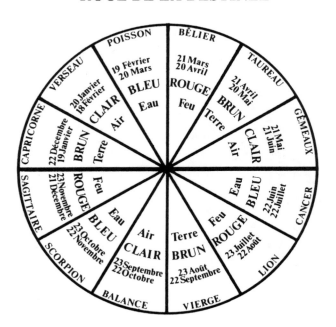

FICHE PERSONNELLE

NOM : _____

	1er Dé Date de naissance	2e Dé Date d'aujourd'hui	3e Dé Élément complémentaire	Total des Étoiles
Date			—	—
Signe			—	—
Élément				—
Couleur				—
Numéro du Dé				—
Nombre d'Étoiles obtenues				

ROUE DE LA DESTINÉE

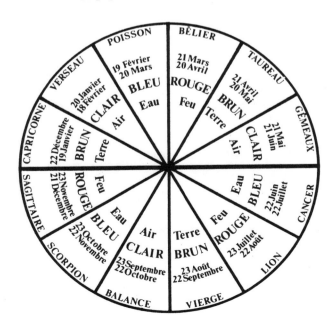

FICHE PERSONNELLE

NOM : _____

	1er Dé Date de naissance	2e Dé Date d'aujourd'hui	3e Dé Élément complémentaire	Total des Étoiles
Date			—	—
Signe			—	—
Élément				—
Couleur				—
Numéro du Dé				—
Nombre d'Étoiles obtenues				

ROUE DE LA DESTINÉE

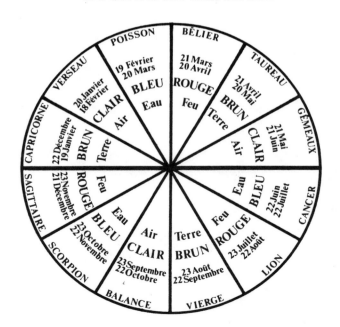

FICHE PERSONNELLE

NOM : _____

	1er Dé Date de naissance	2e Dé Date d'aujourd'hui	3e Dé Élément complémentaire	Total des Étoiles
Date			—	—
Signe			—	—
Élément				—
Couleur				—
Numéro du Dé				—
Nombre d'Étoiles obtenues				

ROUE DE LA DESTINÉE

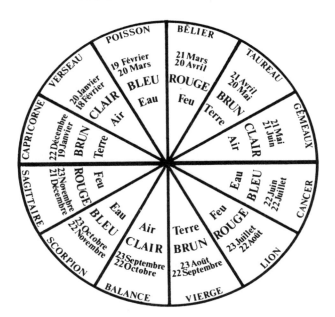

FICHE PERSONNELLE

NOM : _____

	1er Dé Date de naissance	2e Dé Date d'aujourd'hui	3e Dé Élément complémentaire	Total des Étoiles
Date			—	—
Signe			—	—
Élément				—
Couleur				—
Numéro du Dé				—
Nombre d'Étoiles obtenues				

ROUE DE LA DESTINÉE

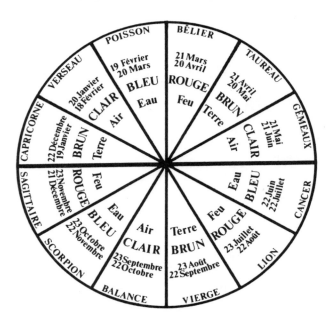

FICHE PERSONNELLE

NOM : _____

	1er Dé Date de naissance	2e Dé Date d'aujourd'hui	3e Dé Élément complémentaire	Total des Étoiles
Date			—	—
Signe			—	—
Élément				—
Couleur				—
Numéro du Dé				—
Nombre d'Étoiles obtenues				

ROUE DE LA DESTINÉE

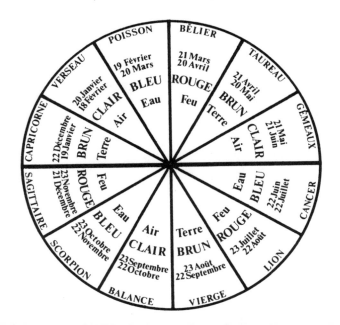

FICHE PERSONNELLE

NOM : _____

	1er Dé Date de naissance	2e Dé Date d'aujourd'hui	3e Dé Élément complémentaire	Total des Étoiles
Date			—	—
Signe			—	—
Élément				—
Couleur				—
Numéro du Dé				—
Nombre d'Étoiles obtenues				

ROUE DE LA DESTINÉE

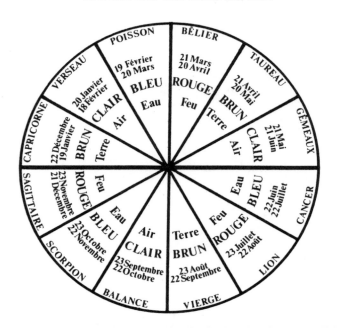

↩ **Les Jeux Ludex Inc.**
C.P. 525, Succursale Outremont
Outremont, Québec
H2V 4N4
Tél.: (514) 733-7938

Lithographié au Canada
sur les presses de
Metrolitho inc. – Sherbrooke